国际经济学入门

友原章典◎著

A GUIDE TO
INTERNATIONAL
ECONOMICS

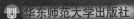 华东师范大学出版社
·上海·

图书在版编目（CIP）数据

国际经济学入门／（日）友原章典著．—上海：华东师范大学出版社，2023

ISBN 978-7-5760-4582-6

Ⅰ.①国…　Ⅱ.①友…　Ⅲ.①国际经济学　Ⅳ.①F11-0

中国国家版本馆CIP数据核字（2024）第007919号

国际经济学入门

著　　者　友原章典
责任编辑　皮瑞光
责任校对　周跃新　时东明
装帧设计　俞　越

出版发行　华东师范大学出版社
社　　址　上海市中山北路3663号　邮编 200062
网　　址　www.ecnupress.com.cn
电　　话　021－60821666　行政传真 021－62572105
客服电话　021－62865537　门市（邮购）电话 021－62869887
地　　址　上海市中山北路3663号华东师范大学校内先锋路口
网　　店　http://hdsdcbs.tmall.com

印 刷 者　启东市人民印刷有限公司
开　　本　787毫米×1092毫米　16开
印　　张　14
字　　数　238千字
版　　次　2024年9月第1版
印　　次　2024年9月第1次
书　　号　ISBN 978－7－5760－4582－6
定　　价　45.00元

出 版 人　王　焰

前言

FOREWORD

在日本被誉为经典的国际经济学教科书《国际经济学入门（A Guide to International Economics）》从出版至今的十余年中，历经多次再版与印刷，在日本广受读者们好评。该书销量常青的同时，在2020年由日本评论社出版了与其配套的习题集《在习题中学习　国际经济学入门》。而本书是将这本经典教材与习题集译成中文的合订本。在编写之际，作者再次对其中的《国际经济学入门》部分进行了补充与修订。

出版的主要目的，是为了广大中国读者在准备海外留学时可以用本书作为参考。比方说，去日本或美国的大学研修经济学时，经常会遇到经济学检定考试（ERE）成绩或GRE经济学成绩作为入学考试的判定标准的情况，而通过对本书的学习，有助于读者在这类考试上的准备。本书虽然是国际经济学的教科书，但其涵盖范围并不只局限于国际经济学。国际经济学作为应用经济学中的一个专业方向，关于在对其理解上不可或缺的微观经济学以及与博弈论相关的基础知识，作者也进行了详细的介绍，希望读者在留学备考时能够有效地利用这一部分基础知识。再者，中国的留学生中，不少人会选择进修与本科阶段不同专业的研究生课程，对于这些缺乏本科阶段经济学基础的同学们来说，本书是一本从零开始学习经济学的优秀书籍。如果读者们能够将克鲁格曼和奥伯斯法尔德共著的著名教科书《国际经济学：理论与政策》和本书同时使用，一定可以使诸位对经济学的理解更上一层楼。本书的内容由作者在美国约翰·霍普金斯大学、匹兹堡大学、纽约市立大学及日本的大学进行授课时所用的讲义构成。当时授课使用的即是克鲁格曼与奥伯斯法尔德共著的教科书，关于该书难以理解的部分，作者收到了同学们的大量提问，而本书的特征之一便是涵括了大量关于这些提问的解答。本书的特征之二，则是在对国际经济学主要理论的解释上，避免使用复杂的数学公式，而只用简洁的文字叙述。在作者的执教经历中，遇到了很多学生，他们擅长数学计算，但不太擅长经济理论的解释与记述。但是，美国的大学在学习中十分重视对知识的描述与说明。因此，即便是已经学过经济学的同学们，也可以通过本书再次学到大量知识。希望读者可以携上本书，一起开启自己的留学之路。

本书的出版离不开许多人的协助。《国际经济学入门》这部分章节的中文翻译工作由唐可心（第1章）、丁海嵩（第2章至第8章、第10章、第12章）、陈逸风（第9章、第11章）完成，翻译内容的校对工作由沈晓雯、蒋梦一完成；《在习题中学习　国际经济学入门》这部分章节的中文翻译工作由马小涵（第1章至第11章）、丁海嵩（第12章）完成，翻译内容的校对工作由唐可心完成。在此，特向以上同学表示感谢。虽然作者并不擅长中文，但很期待原文内容能够得到如实翻译。在作者编写本书的原始日文版时，曾经得到过田中悠、陈映儒、黄竞思（《国际经济学入门》）、张嘉雯（《在习题中学习　国际经济学入门》）的帮助。在此，向这四位同学再次表示感谢。本书的出版获得了日本青山学院大学国际政治经济学会的出版资助。最后，由衷地感谢作者的好友范良火教授。没有他们倾注的心血就没有本书的出版。

作者简介

·

友原章典

作者于早稻田大学政治经济学部经济学科毕业（经济学学士），于约翰·霍普金斯大学研究生院取得经济学博士学位（Ph.D.）。曾在世界银行及美洲开发银行担任咨询顾问。在经历过哥伦比亚大学客座研究员、纽约市立大学副教授、匹兹堡大学研究生院客座副教授，以及加州大学洛杉矶分校（UCLA）安德森管理学院经济师的职业生涯后，现任日本青山学院大学国际政治经济学部教授，研究领域有国际经济学、劳动经济学、公共经济学。如今，作者作为官公厅（日本）讨论会的组成成员，凭借曾在美国多所著名大学以及国际机构积累的诸多实务经验，积极地向日本政府进行政策提案。

作者不但撰写过大量专业论文，执笔书目也有很多，代表作有：《国际经济学入门（第2版）》（日本评论社）;《从理论和实证中学习全新的国际经济学》（弥涅尔瓦书房）;《移民经济学》（中公新书）;《实践幸福学》（NHK出版新书）;《幸福经济学》（创成社）;《从热点中学习经济学》（中央经济社）等一系列书籍。其内容从面向社会读者的科普读物，到面向高校学生的专业性著作，范围跨度广泛。由于面向社会读者的书籍备受好评，为此，作者也有着出席特邀演讲、参演电视节目等诸多经历，广泛活跃在日本社会中。

目 录
C O N T E N T S . . . .

前半部分　国际经济学入门

■ 后半部分　在习题中学习　国际经济学入门 ■

前半部分

A GUIDE TO INTERNATIONAL ECONOMICS

国际经济学入门

第1章 ———— 技术与贸易

A GUIDE TO INTERNATIONAL ECONOMICS

▐ 主题：贸易对技术领先的国家 而言有何好处？

如果某个国家善于生产任意品类的商品，那么该国还会得到贸易所带来的好处吗？技术领先的国家本可以无须与技术落后的国家进行贸易，可现实中并非如此。那么到底是因为什么使得技术领先的国家不选择在本国生产所有的商品呢？

此处的关键词是"**有限的资源**"。每个国家的劳动力资源都是有限的。因此，为了有效利用有限的资源，比起一个人单干，与他人分工合作可能会带来更高的效率。

本章将介绍**李嘉图模型**，以便更好地学习这种思维模式。

第1节　什么是技术领先？

首先，技术领先意味着什么呢？

让我们通过以下例子来说明。考虑两个国家（日本和美国）生产和交易两种商品（汽车和橙子）的情况。在这里，劳动力是生产汽车和橙子所需的唯一生产要素。

假设，美国需要2名工人来制造1辆汽车，需要4名工人来产出1千克橙子。而日本则需要6名工人才能制造1辆汽车，需要8名工人才能产出1千克橙子。（表1.1）

表1.1　每种商品制造一个单位所需的工人数量

国家	汽车（辆）	橙子（千克）
美国	2人	4人
日本	6人	8人

在这里，假设技术领先以劳动生产率高来表示。那么美国和日本哪个国家拥有更好的生产技术呢？

就目前的情况来看，日本需要6名工人来制造1辆汽车，而美国只需要2名工人。日本需要8名工人来产出1千克橙子，而美国只需要4名工人。

在美国，不论是生产汽车还是产出橙子都只需要更少量的工人，也就意味着美国的生产技术更高。因此我们可以说，美国在这两种产品的生产上都具有**绝对优势**。

那么，技术领先的美国与技术落后的日本进行贸易是否有好处呢？

现在我们假设要额外多制造1辆汽车。

此时，美国需要2名工人来进行这辆汽车的生产，也就等同于美国需要放弃一半（0.5千克）的橙子产量，来解放2名工人去从事汽车的生产。这是由于美国的整体工人数量有限，如果不减产橙子的话，就不能增产汽车。在经济学中，为获得某些东西而必须牺牲的东西被认为是成本。必须减少（即牺牲）的橙子，是生产1辆汽车的成本。在此例中，牺牲的1/2单位橙子被称为以橙子计量的汽车的**机会成本**。（表1.2）

表 1.2　机会成本

国家	以汽车为基准的机会成本（汽车的牺牲）	以橙子为基准的机会成本（橙子的牺牲）
美国	2/1	1/2
日本	4/3	3/4

而日本呢？为了再生产1辆汽车，日本将放弃3/4单位（0.75千克）的橙子产量，并派这6名工人去生产汽车，这样就能够再生产1辆汽车。

想要额外进行橙子生产也是如此。美国可以放弃两个单位（2辆）的汽车生产，并派这4名工人去生产橙子，这样就能够再多生产1千克橙子。日本放弃生产4/3辆汽车（生产非整数辆的汽车也许很奇怪，但暂时按照可行来计算），并派这8名工人去生产橙子，这样就可以再多生产1千克橙子。

在这里，让我们比较一下美国和日本，哪个国家额外多生产1辆汽车的费用更高呢？用橙子进行衡量的汽车的机会成本在美国为1/2，在日本为3/4，因此我们可以看出在日本生产汽车时的机会成本更高。此外，以汽车衡量的橙子的机会成本在美国为2，在日本为4/3，因此在美国生产橙子的成本较高。换句话说，我们通过比较两国的相对技术能力，可以得到日本适合生产橙子，美国适合生产汽车的结论。目前，与日本相比，美国生产汽车相对于生产橙子更具有**比较优势**。同样，与美国相比，日本生产橙子相对于生产汽车更具有**比较优势**。

第2节　有限的资源

接下来，根据两国（以有限的资源为前提）的劳动者数量的信息，我们来比较以下两种情况（没有贸易和发生贸易）。

美国的工人人数为200人，日本的工人人数为480人。假设日本和美国将各自的工人人数各分为一半，分别投入汽车产业和橙子产业。也就是美国将在汽车产业中投入100名工人，在橙子产业中投入100名工人。

此时，需要2名工人才能生产1辆汽车的美国可以生产50辆汽车。另外，由于生产1千克橙子需要4名工人，因此可以生产25千克橙子。同理，日本将生产40辆汽车和30千克橙子。

如果两个国家都自给自足的话，那它们的消费量都不能超过各自的生产量，因此**生产量=消费量**。两国总体的产量（=消费量），一共生产了90辆汽车和55千克橙子（=消费量）。（表1.3）

表1.3　生产量（自给自足的情况：没有贸易）

	汽车（辆）	橙子（千克）
美国	50（100人）	25（100人）
日本	40（240人）	30（240人）
两国总体的生产量	90	55

由于美国比较擅长生产汽车，因此决定完全不生产橙子。同样，日本在生产橙子方面比较擅长，因此决定不生产任何汽车。这种只生产一种产品的方法叫作**完全专业化**。

这时，美国可以生产多少辆汽车呢？而日本又可以生产多少千克橙子呢？

在美国由于生产1辆汽车需要2名工人，所以能生产100辆汽车。在日本，生产1千克橙子需要8名工人，因此能生产60千克橙子。所以两国一共能生产100辆汽车和60千克橙子。（表1.4）

表 1.4　生产量（完全专业化的情况）

	汽车（辆）	橙子（千克）
美国	100	0
日本	0	60
两国总体的生产量	100	60

之后如果日本和美国都希望汽车和橙子的消费能够更加均衡，该怎么办？

我们假设这两国之间交换货物，即进行贸易，又会如何呢？可以肯定的是，两国将消费100辆汽车和60千克橙子。例如日本可以消费45辆汽车和33千克橙子，而美国可以消费55辆汽车和26千克橙子（当然，根据两者的交换比例的不同，还可能存在更多种的消费组合）。

那么比较一下这两种情况，到底哪种更好呢？

我们知道如果每个国家只生产自己比较擅长生产的产品，然后用生产的产品与他国进行交换（例如用橙子来交换汽车），则可以实现更多的消费。换句话说，当相对的生产技术有所不同时，专门生产自己比较擅长生产的产品然后进行贸易是有益的。

这样，即使一个国家在技术上拥有绝对优势，与一个技术水平较低的国家进行贸易时也可能有好处（利益）。这是因为该国在生产上所需的资源数量是有限的。如果只生产技术相对具备优势的产品，则可以使该产品的产量达到最大化。所以贸易的好处是：可以生产很多自己擅长的产品，然后再将它们分配。即使在其他国家的生产能力不如本国的情况下，与其只在本国做所有的生产工作，不如与其他国家进行合作，从而得到更好的结果。

通过以上讨论，我们来进行一下总结：每个国家都应完全专注于生产具有比较优势的商品，并将其出口，然后进口那些本国生产不具有比较优势的商品，这样做的话效用（满意度）将会提高。

小结

提问：贸易对技术领先的国家而言有何好处？

参考答案：由于各国的劳动者人数有限（有限的资源），与自给自足的情况相比，只生产比较擅长生产的产品的话，世界的总产量会增加。之后再通过贸易进行分配，这样比起没有贸易的情况，商品的消费量会增加。

第3节 李嘉图模型的问题

那么，具有相同技术能力的国家之间也可以通过贸易得到好处吗？

让我们用另一个例子来进行说明。假设在美国，生产1辆汽车需要10名工人，生产1千克橙子需要5名工人。同样，日本需要2名工人生产1辆汽车和1名工人生产1千克橙子。（表1.5）

表1.5 劳动力投入量（此处为生产技术水平）

	汽车（辆）	橙子（千克）
美国	10人	5人
日本	2人	1人

首先，哪个国家的技术水平更高？我们可以发现日本可以用更少量的人来生产汽车和橙子，因此可以说日本在两种商品的生产上都具有绝对优势。

那么，如果美国要多生产1辆汽车必须牺牲多少千克橙子的产量？我们可以发现美国需要放弃生产2千克橙子，并派这解放出来的10名工人去生产汽车。此时，以橙子进行衡量的汽车的机会成本为2。同样，日本要多生产1辆汽车必须牺牲多少千克橙子的产量呢？同上，日本需要放弃生产2千克橙子，并派这2名工人去生产汽车。所以，以橙子进行衡量的汽车的机会成本为2。（表1.6）

表 1.6 机会成本

	以汽车为基准的机会成本（汽车的牺牲）	以橙子为基准的机会成本（橙子的牺牲）
美国	1/2	2
日本	1/2	2

在此示例中，两个国家以橙子进行衡量的汽车的机会成本相同。因此，不能说哪个国家在任何一种产品的生产中具有**比较优势**。

如果没有比较优势，那进行贸易是否还存在好处呢？

本章介绍的便是教科书中经常介绍到的**李嘉图模型**，李嘉图模型是通过国家之间不同的技术能力来解释贸易的好处。通过该模型我们可以发现，**当相对技术能力相同时，进行贸易不会带来任何好处**。但是该模型能够很好地解释真实世界中的现象吗？

实际上，**李嘉图模型存在很多问题**。第一，我们无法用该模型分析具有相同技术能力的国家之间的贸易模式。因此，在接下来的章节中我们将介绍一个新模型，新模型可以证明即使国家之间技术能力相同，进行贸易也存在好处。第二，李嘉图模型中强调，有贸易的情况下各国应完全专注于生产能力相对较好的商品（仅生产相对擅长生产的商品），但这并不符合实际情况。现实中，每个国家都生产着各式各样的商品。第三，由于各国生产的商品未必都相同，所以可能会存在无法比较技术能力的情况。例如并非所有国家都能制造飞机，那么就不能将有航空业的国家和没有航空业的国家放在一起进行技术能力上的比较，这种情况就不适合用李嘉图模型来进行讨论了。

第2章 —— 经济学的基础分析方法

A GUIDE TO INTERNATIONAL ECONOMICS

▌主题：什么是"价格机制"？
"消费者理论"和"生产者理论"又是什么？

本章是为了使未接触过经济学的学生更好地入门而设置的，在本章中将介绍在国际贸易理论中常用的经济学基础分析方法。

第1节　市场

本节的重点是理解"价格机制"在市场中的运作方式。

首先我们来定义市场。"市场"是消费者（买东西的人）和生产者（卖东西的人）的交易场所。试想一下，如果想买一种东西的人比要卖这种东西的人多出很多，那么卖这种东西的人将处于一种"有利"的状态。为什么这么说呢？假设你是其中的一个卖家，并且有特别多的人抢着买你的东西的话，那你是不是就可以抬高这种商品的价格了呢？

那么卖家应该将价格上涨到多少才合适呢？在价格上涨的时候，对所有想买东西的人来说，其中一定会有因为无法接受涨价而放弃购买的人。因此，随着涨价的程度越来越高，总买家数量就会越来越少。而当市场上这种商品的价格过于高昂的时候，就会导致卖家的总人数比买家的总人数多。这时候卖家反而会处于一种"不利"的状态，只能寄希望于降低商品的价格来提高商品的吸引力，从而增加销量。

通过这个例子，我们可以发现一种规律：当买家总数超过卖家总数时，价格会上涨；而反之卖家总数超过买家总数时，价格又会下降。通过这种"价格机制"的不断调节，最终买卖双方的总数将会趋于一致。

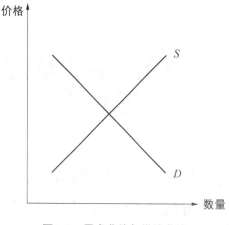

图2.1　需求曲线与供给曲线

一般教科书会用以下的描述来解释上述的思考方式。如图2.1所示，该图由斜向右下方的"需求曲线"（D）和斜向右上方的"供给曲线"（S）所构成。需求曲线表示"消费者对购买对象能够接受的买入价格的高低"［又称购买意欲（willingness to pay）］；供给曲线表示"生产者对销售对象能够接受的售出价格的高低"［又称销售意欲（willingness to sell）］。

1. 需求曲线

试想以下的简单情形。有小赵、小钱、小孙、小李和小周这5位消费者，他们正在考虑购买1台智能手机。其中，小赵无论如何都想要智能手机，他觉得即便花1 000美元也愿意买账；同理，小钱肯花800美元；小孙肯花500美元；小李肯花200美元；而小周只肯花50美元。上述即是这5位消费者所能接受的最大付款价格。若智能手机的价格超过他们每个人的心理价位时，他们就不愿意买账。那么以智能手机的数量为横轴，价格为纵轴，将他们五人各自对智能手机的心理

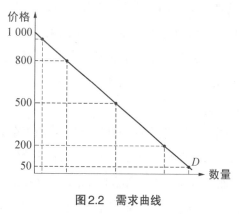

图2.2　需求曲线

预期由高至低排列，我们便得到一条斜向右下的线。但这只是构想的简单情况，因为在现实中消费者的数量往往不会像上例中只有五个那么少。所以考虑现实中存在大量消费者的情况时，将他们各自对智能手机的心理预期由高到低进行排列后，会存在无数个点从而连成一条斜向右下的需求曲线（D）。如图2.2所示。

2. 供给曲线

同样，我们试想有5家销售智能手机的企业，但每家企业可以接受的产品价格是不同的。比如A公司最低只愿以50美元出售智能手机；而B公

司可接受的最低售价为200美元；C
公司500美元；D公司800美元；E
公司1 000美元。造成企业间产品定
价不同的原因是：假设A公司具备
极强的生产能力，所以A公司能够
用极低的成本生产与其他公司相同
的智能手机（成本越低，可接受售
价的范围就越大）。我们以智能手机
的数量为横轴，价格为纵轴，将这5

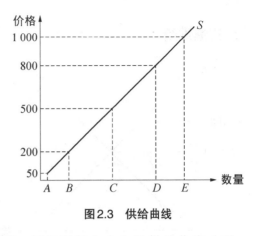

图2.3 供给曲线

家不同的公司的销售价格由低到高排列，便得到斜向右上的供给曲线（S）。
如图2.3所示。

3. 超额需求

当智能手机的售卖价格为50美元时，市场上会发生什么呢？为了更直观地进
行分析，此处我们假设每家企业各自只会销售一台智能手机。此时，能以50美元
在市场上供给智能手机的只有A企业。但是，反观消费者们的心理价位，50美元
的智能手机是上个例子中的每位消费者都愿意购买的。因此在市场上，想以不到
50美元购买智能手机的人的数量（5人）超出了想以50美元销售智能手机的企业
的数量（只有A企业供给的1台）。我们将这种状态称作**"超额需求"**。

当市场处于超额需求的状态时，价格便会上涨，那么价格会上涨到多少为
止呢？在我们试想的以上情况中，**价格只会上涨至500美元**。因为当智能手机
的价格为500美元时，愿意以此价格向市场供给智能手机的企业有3家（A公

司、B公司和C公司）；而肯为500
美元智能手机买账的也刚巧有三人
（小赵、小钱和小孙），这时市场上
的总卖家数和总买家数处于完全一
致的匹配状态（价格此时会停止变
化）。我们称这种状态为**"市场均
衡"**，在图中我们用需求曲线和供
给曲线的交点处进行表示。如图2.4
所示。

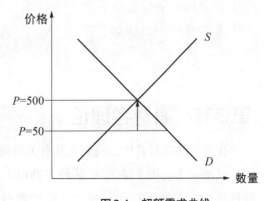

图2.4 超额需求曲线

4. 超额供给

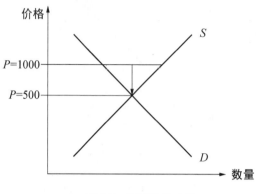

图2.5 超额供给曲线

如果售卖价格上涨到1 000美元时，市场上又会发生什么呢？此时5家企业都会乐于以1 000美元的价格在市场上供给智能手机。但是，能接受如此高昂价格的消费者就只有小赵1人了。我们将这种状态称作**"超额供给"**，其曲线如图2.5所示。

当市场处于超额供给的状态时，价格便会下降，那么价格会下降到多少为止呢？这里的答案是：与上述所提到的超额需求的状况一致，**价格只会下降至500美元**。至于价格为何会如此变化，其实分析的思路很简单，请你自己试试解释其中的缘由。

小结

> **市场：**具备价格机制
>
> 通过市场的价格机制的调节，决定了商品的均衡价格与均衡成交量。
>
> 　　卖家------------------------ 市场 ------------------------买家
> 　　（＝供给曲线）　　　决定价格及成交量　　　（＝需求曲线）
>
> 超额供给时→价格会下降。
> 超额需求时→价格会上升。

第2节　消费者理论

在市场的参与者中，我们先从有关消费者的方面进行更深入的理论分析。

试想一下，我们在购买某种东西时，影响我们购买行为的根本性原因究竟是什么？它是否存在一种定式化的解释方式呢？简单进行一下假设：任何人都不会为自己不想要的东西支付费用；或者，无论某人多么想要一样东西，若他没有钱则无法购买。这里的两个关键词是：**"满足喜好"** 和 **"有限的收入"**。而在经济学中，我们一般将消费者的行为定义为：使用"有限的收入"去"最大化"自己在喜好上的"满足度"（经济学上通常将这种满足度称作 **"效用"**）。

当我们分析消费者的行为时，主要使用以下两个概念：**"无差异曲线"** 和 **"预算约束线"**，而这两个概念正是对应了上述的两个关键词。经济学用无差异曲线来表达某人的效用；用预算约束线来表达某人有限的收入。这样，我们便可以定式化地去分析和解释消费者的行为了。

接下来将详细地介绍这两个概念。

1. 无差异曲线

首先到底什么是无差异曲线呢？我们假设消费者只能购买两种商品（消费者只有两种喜好）：食物和衣服，并且必须用完有限的全部收入。如果消费者能够拥有大量时尚漂亮的衣服，或者能够尽情享受各种美味食物的话，那么由于他的喜好得到了满足，所以会处于更加幸福的状态。在图2.6中，我们以食物的消费量为横轴，以衣服的消费量为纵轴，来绘制1条无差异曲线。

那么应该如何解读图2.6所表达的含义呢？我们假设：40个单位的衣服和10个单位的食物的"消费组合"会给消费者带来10的满足度；在各商品的消费量上稍作调整后，20个单位的衣服和20个单位的食物的消费组合仍会带来10的满足度；同样地，15个单位的衣服和30个单位的食物的消费组合也会带来10的满足度。类似地，我们可以构建很多种各商品消费量不同的消费组合，而其中所有给消费者带来相同满足度的消费组合的连线，便构成了无差异曲线。

也就是说，在无差异曲线上，无论怎样调整各商品的消费量，消费者得到的满足度都是一样的。所以无差异所表达的重点即是消费者在满足度上是无差别的，即完全相同的。

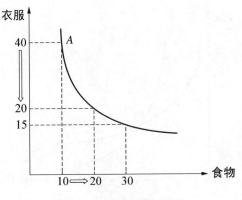

图2.6 无差异曲线（1）

那么无差异曲线的形状为什么是向右下方倾斜的呢？这是因为两种商品都是有价值的东西，想多消费食物就只能减少衣服的消费。在图2.6中，无差异曲线上的所有点都代表着相同满足度下的不同消费组合。A点的消费组合是40单位的衣服和10单位的食物，若我们以A点为起始点，保持40单位衣服的消费量不变，并将食物的消费量从10单位增加到20单位的话，**满足度也将会上升**。因此我们若想保持满足度不变，那么当食物的消费量增加时，必须要相应地减少一部分衣服的消费量。

图2.7中是两条无差异曲线U_1和U_2（U：Utility，效用，即满足度）。其中

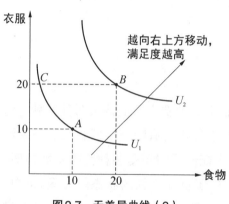

图2.7　无差异曲线（2）

哪一条代表更高的满足度呢？我们先来比较A点和B点。显而易见，在B点处，这两种商品的消费量都比A点的消费量要多，因此我们便可以知道U_2代表更高的满足度。然后我们在B点处向左画一条水平的直线，并将它与无差异曲线U_1的交点称作C点，然后我们来比较一下B点和C点。同理，在这两点上衣服的消费量是相等的，但B点处食物的消费量比C点多，所以B点的满足度比C点更高。也就是说，在比较无差异曲线所代表满足度的大小时，位于更右上方的曲线上的点的满足度更高，反之位于更左下方的点的满足度则更低。

最后，请注意：**无差异曲线之间不会相交**。这是因为无差异曲线相交的情况下会出现喜好上的矛盾。如图2.8所示，同在一条无差异曲线上的A、B两点表示相同的满足度；而同时同在另一条无差异曲线上的A、C两点也表示相同的满足度。但很明显的是，在图2.8中C点位于B点的右上方，按照图2.7的逻辑来分析的话C点理应比B点的满足度更高，与我们的分析相悖。所以如果无差异曲线相交便会发生这种个人喜好上的矛盾情形，因此在通常的分析中，我们会默认无差异曲线之间不会相交。

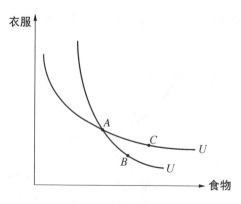

图2.8　无差异曲线（3）

2. 预算约束线

分析消费者理论的另一个重要概念便是预算约束线。

假设你有100美元的收入，食物的单价是1美元，衣服的单价是2美元。此时，你可以买到40件衣服和20份食物；或者买到10件衣服和80份食物，以此类推。而预算约束线则表示像这样用100美元可以买到的衣服与食物数量的所有消费组合。

如图2.9所示，这条预算约束线与横轴及纵轴所构成的三角形部分又表达什么含义呢？上述提到的情形是你恰好花光了全部收入，而当你不全部花光100美元的收入时，你也可以买到40件衣服和1份食物；或者买到25件衣服和5份食物。换句话说，无论你如何改变衣服和食物的消费量，所有的消费都要在你的收入范围内。因此

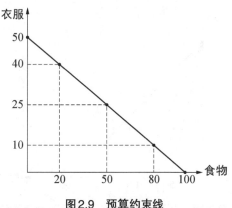

图2.9 预算约束线

该图中三角形内部的所有消费组合，都是在收入范围内你可以实现的消费组合。也就是说，这个三角形代表了你的购买能力，并且三角形的面积越大，你的购买能力就越强；而预算约束线上的所有点则表示用光全部收入状态下的消费组合的集合。

为了更加深入理解预算约束线的性质，接下来我们将100美元的收入扩大到2倍，来看看200美元收入下的预算约束线和收入扩大前相比会有什么不同。

答案是：收入扩大后会使原来的预算约束线向右上方平行移动，如图2.10的（a）所示。因为上述我们提到三角形的面积代表购买力的大小，那当我们收入扩大后，购买力一定会变强，而它所对应的三角形面积也会变大。同理，当100美元的收入减少一半时，预算约束线则会向左下方移动，如图2.10的（b）所示。

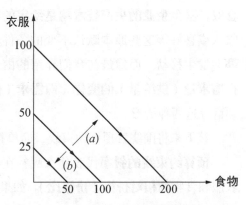

图2.10 由收入变化导致的预算约束线的移动

那么保持100美元的收入不变，若食物的单价从1美元降低到0.5美元时，预算约束线又会发生什么变化呢？一方面，当食物的单价为1美元时，我们用光全部收入也只能买到100份食物。但是食物的单价降低至0.5美元后，我们最多可以购买之前的2倍食物数量，即200份食物。这是购买力变强了的表现。另一方面，因为衣服的单价没变，所以我们用光全部收入最多也只能买到50件衣服。因此，在这两个前提下绘制预算约束线时，我们大概可以想到三角形的面积会变大，但和所得（收入）变化时预算约束线的平移情形相比又有所不同。由于衣服的最大消费量不变，预算约束线的起点还是从纵轴的50件衣服开始，而随食物单价降低而造成的购买能力变强的图形如图2.11的（a）所示，可以发现预算约束线向外侧移动。同样地，若继续保持衣服的单价不变，而食物的单价上涨到2美元时，会导致对食物的购买能力变弱，预算约束线的图形则如图2.11的（b）所示，即预算约束线向内侧移动。

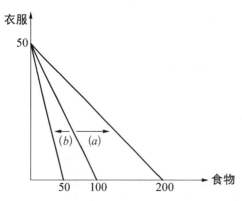

图2.11　由（食物）单价变化导致的预算约束线的移动

补充说明：对某种商品的需求是由该商品的价格、个人的收入、其他类似商品（代替品）的价格，以及个人的喜好等多种因素决定的。而在教科书中我们通常只会看到横轴为数量、纵轴为价格的需求（供给）曲线，这是因为我们重点关注价格的变动对需求量（供给量）变化的影响。在这种情况下需求曲线的默认条件是：一定的收入和不会变化的个人喜好。更正式的表达是：**收入、喜好，甚至企业的生产技术均是给定的已知条件，且均不发生变化**。因此，当收入或喜好等这些原本默认不变的条件发生变化时，**需求（供给）曲线整条线都**会发生移动。而像最初我们介绍的由价格变化导致的需求（供给）的变化是指**需求量（供给量）的变化**，即**需求（供给）曲线上的点**会发生移动。我们必须区分这两种情形。

接下来将围绕着预算约束线，简单补充一些国际贸易理论的必备知识。

预算约束线的斜率代表什么呢？在上述的例子中，预算约束线的斜率表示衣服和食物的**相对价格（价格比）**。如果用公式来表示预算约束线的话，即：衣服的单价 × 衣服的消费量＋食物的单价 × 食物的消费量＝收入。也就是说，衣服的总支出额与食物的总支出额的合计必须要在收入的范围内。还是上述的例子，衣服的单价是2美元，食物的单价是1美元，收入是100美元时，预算约束线可以写作：2×衣服的消费量+1×食物的消费量=100。因为在该例的图示中，纵轴上表示的是衣服的消费量，所以我们可以将上式改写为：衣服的消费量=−1/2×食物的消费量+50。改写后的预算约束线的斜率−1/2表达的便是：当食物的单价是1美元、衣服的单价是2美元时两者的相对价格。预算约束线的斜率表示两种商品的相对价格，这是在国际贸易理论中经常使用的概念。

3. 最适消费量

在本节的最后，对于**使用有限的所得（收入），最大化自己满足度的消费者行为**，我们应该如何分析呢？

至此，我们已经学习了用无差异曲线来表达消费者的喜好，用预算约束线来表达消费者的收入。而消费者通过消费行为来提升自己满足度的时候，我们必须将上述两个概念组合在一起进行分析。

如图2.12所示，图中有3条无差异曲线和1条预算约束线。但实际上根据满足度的不同，我们可以绘制无数条无差异曲线（此处为便于分析仅使用3条），但因为收入是一定的，我们只能得到1条预算约束线。在该图中，标出了点a、b、c、d、e这5个消费组合的备选项。那么想效用（即满足度）最大化的消费者应该选择哪个点呢？（"**效用最大化**"是消费者行为的中心思想。虽然为了使说明更加直白，在这里经常用"满足度"一词来进行分析，但实际上经济学者在谈起消费者行为时，更多地会使用"效用"一词来指代消费者的满足度。）

答案是a点。那么为什么和a点在同一条预算约束线上的b点和e点没有被消费者选择呢？（这3个点同样都是花光全部收入的消费组合。）若我们对无差异曲线的位置进行观察，便会发现a点所处的无差异曲线位于b点和e点所处的无差异曲线的右上方，所以a点处的消费组合所带来的满足度要比b点和e点的更高，故b点和e点不

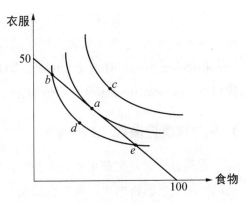

图2.12　消费者行为

会被选择。同样地，d点所代表的消费组合也处于当前收入可以消费得起的范围内，但很明显a点处的消费组合所带来的满足度比d点要更高，因此d点也不会被选择。最后我们来看一下c点，c点处的消费组合所带来的满足度明显要比a点处更高，然而c点处的消费组合是我们当前收入所消费不起的，所以c点也不会被选择。

小结

消费者理论
① 使用有限的收入；② 最大化满足度（效用）；
　由这两个概念共同构成（①+②）。

收入　→预算约束线：购买能力。
喜好　→无差异曲线：1条无差异曲线上的所有点满足度都相同。

第3节　生产者理论

接下来我将介绍生产者理论。作为生产者，其行为虽然有多种多样的目的，但在初级经济学中，生产者行为被定义为：**使用有限的资源，将生产物价值最大化**。虽然生产者都想赚取更多利润，但由于资源有限，所以在他们进行诸如"采购矿石之类的原料""选购最先进的设备""雇用优秀的人才"等与生产相关的活动时，都会受到资源的约束。

因此分析生产者的行为时，最重要的便是基于有限资源和生产物价值这两个词所衍生出的两个概念。用于描述有限资源的概念叫作**生产可能性曲线**（production possibility frontier，**即PPF**）；而表达生产物价值的概念叫作**等价值线**（iso-value line）。下面将逐一详细解释这两个重要的概念。

1. 生产可能性曲线（PPF）

首先，什么是生产可能性曲线？试想某个国家只生产食物和衣服这两种商品的情况。在教科书中，通常会绘制如图2.13所示的向右上方凸出的生产可能性曲线。

那么，这条生产可能性曲线所代表的含义是什么呢？假设日本既能生产出50单位衣服和20单位食物的组合，也能生产出10单位衣服和60单位食物的组合。而像这样的产出物组合，除上述之外还有许多种其他的可能。而包含日本可能生产出的所有产出物组合的曲线即是（日本的）生产可能性曲线。

为了生产某种东西，我们必须要投入某种原材料或付出某种成本，而这些投入或付出往往受到有限资源的制约。在这里，为了分析上的便捷性，我们假设生产商品所需要的必要投入是"工作的人"（劳动者）与"工厂设备"（资本）这两种生产要素。并且，一国之内（比如日本）中的劳动者数量是有限的。因此，不管是生产衣服还是食物，生产者都将面临的抉择是，在资源有限的前提下，如何合理地分配各商品的生产要素投入。

生产可能性曲线**上**的点所代表的产出物组合，对日本来说已经是使用有限资源能达到的产出物组合总数量的极限了。因此，这些生产可能性曲线上的产出物组合，均处于最有效率的资源分配状态。

那生产可能性曲线**内部**的点又表示什么呢？如图2.13中的 A 点所示，此时日本使用本国的劳动和资本作为生产要素进行投入，最终产出了10单位的衣服和20单位的食物，但它并不是资源分配的最优状态。例如，在现实中进行生产行为时可能会导致劳动者的失业及工厂设备被闲置等问题。因此，生产可能性曲线内部的点表示资源并未被充分利用的状态下的产出物组合。

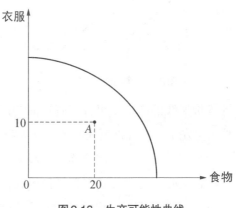

图2.13 生产可能性曲线

2. 等价值线

即使我们用最优效率调动资源，最终可生产的产出物组合也可能并不唯一（生产曲线上的所有点）。所以若我们只以资源利用效率的程度来推测生产者行为的话，是无法判断生产者究竟应该生产哪一种产出物组合的。那到底应该怎么办呢？此处的分析逻辑与分析消费者行为时的逻辑类似，生产者会以产出物的价值最大化作为衡量生产者行为是否正确的基准。为解释生产者如何最大化产出物价值，我们将导入等价值线的概念。

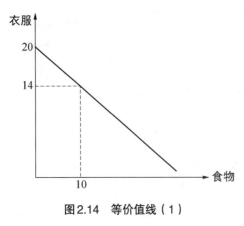

图2.14　等价值线（1）

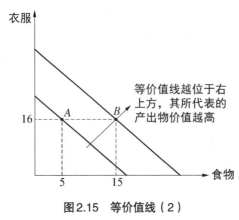

等价值线越位于右上方，其所代表的产出物价值越高

图2.15　等价值线（2）

等价值线是如图2.14所示的一条直线。那么这条直线所表达的含义是什么呢？我们假设生产10份食物和14件衣服时，产出物的价值是100美元；而不生产食物，只生产20件衣服时，产出物的价值也是100美元；以此类推。所以实际上存在许多种最终价值相同的产出物组合，而将这些产出物组合所在的点连接起来，即为等价值线。

在图2.15中描绘了两条平行的等价值线。那么哪一条代表更高的价值呢？现在我们将衣服的产出量固定在16件，此时通过对外侧等价值线上的 B 点和内侧等价值线上的 A 点进行比较，可以发现 A、B 两点处衣服的产出量是相同的，但在 B 点处食物的产出量显然要比 A 点处更高。假设商品的价格不变，那我们就可以得到"位于更右上方的等价值线的产出物组合有着更高的产出物价值"这一结论。而相对地，如果位于更左下方的等价值线的产出物组合，其产出物价值更低。

接下来我们继续围绕等价值线进行思考。例如，等价值线的斜率代表什么样的含义呢？若用公式定义等价值线，则有：食物单价 × 食物产出量＋衣服单价 × 衣服产出量＝产出物的价值。若食物的单价为1美元，衣服的单价为2美元，则等价值线可改写为：产出物价值＝1× 食物产出量＋2× 衣服产出量。在图2.15中，由于纵轴代表衣服，所以将前式稍加变形可以得到：衣服的产出量＝−1/2 × 食物的产出量＋1/2 × 产出物价值。其中的−1/2即为等价值线的斜率的具体数值，它代表着当食物的单价是1美元、衣服的单价是2美元时，这两种商品之间的**相对价格**。

那么在有限资源的范围内，我们想要最大化产出物的价值，究竟应该选择哪一个产出物组合呢？如图2.16所示，我们绘制了1条生产可能性曲线和3条等价值线。接下来将分析在面对 A、B、C、D 这4个产出物组合点时，应该如何进行选择。

　　与分析消费者行为时类似，虽然
B点和C点都是生产可能的点，但它
们所代表的产出物组合的价值都没有
A点高。而D点的产出物价值虽然比A
点更高，但它位于生产可能性曲线之
外，也就是以现有的资源我们根本无
法生产D点所代表的产出物组合。所
以在4个点中能够最大化产出物价值

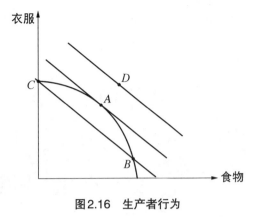

图2.16　生产者行为

的点是：生产可能性曲线和等价值线相切所产生的A点。

小结

生产者理论

① 使用有限的资源；② 最大化产出物的价值；
由这两个概念共同构成（①+②）。

生产→生产可能性曲线（PPF）：资源有限时可能生产的所有产出物
组合。
产出物价值→等价值线：等价值线上的所有点所代表的产出物组合，
其价值都相等。

第3章 ——— 自由贸易的好处与国际贸易体制

A GUIDE TO INTERNATIONAL ECONOMICS

▌ 主题：为什么人们普遍认为自由贸易是件好事？

人们普遍主张自由贸易是件好事。但是，也有少部分人认为贸易对发展中国家而言不会带来帮助。那么事实上贸易究竟是好是坏呢？在这一章，我们来分析为什么人们要主张自由贸易，并通过比较允许贸易和禁止贸易这两种状态的结果，更加明确地了解贸易所带来的好处。

第1节　自由贸易的好处

我们都知道生产出来的商品会被消费，并且消费者与生产者的交易发生在市场中。那么结合之前所学的消费者理论和生产者理论，可以对本节的主题进行怎样的分析呢？

图3.1是由上一章已经学过的图合并得到的，其纵轴表示衣服的生产量（和消费量），横轴则表示为食物的生产量（和消费量），以生产者的视角绘制1条生产可能性曲线和1条等价值线，并以消费者视角绘制1条无差异曲线和1条预算约束线。

图3.1中的预算约束线的斜率表示由本国市场所决定的相对价格。试想以下的情形：若食物的价格是1美元，衣服的价格是2美元，那么本国市场这两种商品的相对价格则为1/2。基于上述的相对价格水平，我们可以绘制更多的预算约束线或是等价值线。但是，我们更感兴趣的是"最优点"（即对消费者来说效用最大化，或是对生产者来说生产物价值最大化的点）。根据上一章的知识，当预算约束线与无差异曲线相切，以及等价值线与生产可能性曲线相切时就可以得到该点。

如图3.1所示，最优点为A点，即在有限资源下生产物价值最大化的点，并且同时满足有限预算下效用最大化的点。换句话说，在A点处，食物的生产量即是消费量；衣服的生产量也即是消费量，且此时本国市场生产出的全部衣服和食物都完全被国内消费光。事实上在国际经济学中，图3.1称作"封闭经济"，其表示在不存在贸易时的最优生产量和消费量。换句话说，当不存在贸易时，国内的消费量与生产量会一直处于一致的状态，想要消费掉超出本国生产量的商品是不可能的。

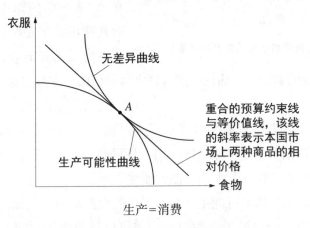

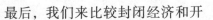

图3.1　封闭经济（即不存在贸易）中的生产与消费

那么与之相反的"开放经济"，即存在贸易的情况下会发生什么呢？或许你已经注意到了，当存在贸易时消费量与生产量未必是一致的。如图3.2所示，通过贸易，人们可以在国际市场上交易衣服和食物，B点处生产者生产物价值得到最大化；C点处消费者效用得到最大化。并且通过观察B点和C点的位置，我们会发现国内的食物消费量与国内的食物生产量相比之下会更多，这两者之间的差额即为食物的进口量。同样地，国内的衣服消费量与国内的衣服生产量相比则更少，这两者之间的差额即为衣服的出口量。而预算约束线的斜率，则代表在国际市场上由供需关系决定的这两种商品的相对价格。

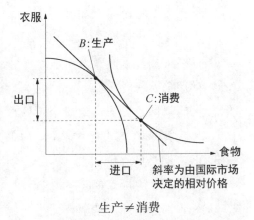

图3.2　开放经济（即存在贸易）中的生产与消费

最后，我们来比较封闭经济和开

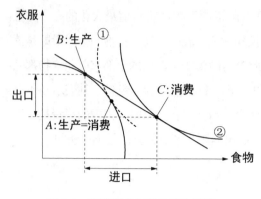

图3.3　有贸易参与的生产与消费

放经济。如图3.3所示，虚线①表示在封闭经济中达到效用最大化的无差异曲线；曲线②表示在开放经济中达到效用最大化的无差异曲线。那么比较一下①和②，哪一条无差异曲线带来的满足度更高呢？根据在第2章所学的知识我们可以简单地判断出答案是②。这是因为C点所在的无差异曲线，位于A点所在的无差异曲线的右上方。因此，进行自由贸易会比不进行贸易带来更高的效用（满足度）。

那么为什么进行贸易会带来更高满足度呢？答案是：通过贸易，可以将本不可能被消费的生产物组合，变得可能被消费。更直观一些来说，我们可以看出图中C点位于生产可能性曲线之外，也就是说在一国有限的资源内，无论多么努力都不可能生产出C点处的生产物组合，而原本只靠自己的有限资源无法生产出的生产物组合变得可以被消费了，便是通过贸易得到的好处。

小结

贸易的好处是什么？

① 不存在贸易时（封闭经济）
生产量＝消费量。

② 存在贸易时（开放经济）
生产量≠消费量。
- 超额供给→国内消费余下的部分＝出口。
- 超额需求→国内供给不足的部分＝进口。

③ 比较无差异曲线
→消费者的满足度①＜②。
贸易将本不可能被消费的生产物组合，变得可能被消费。

接下来将粗略介绍本书中所提到的各种贸易模型。首先是李嘉图模型，这是一个基于各国间生产技术的差异去解释贸易行为的经典模型。其次是赫克歇尔–俄林模型（简称H–O模型，又称资源禀赋理论），该模型的特点是，即使各国的生产技术处于同等水平，基于各国的资源禀赋（生产活动所必备的劳动和资本等的所有量）的差异，从而对贸易模式进行解释。除上述古典贸易模型之外，经济学家们也提出了"新贸易理论"来更好地解释近些年来贸易模式的变化，而上述这些模型都是基于不同的角度对贸易机制进行的解释。例如，李嘉图模型的关键词是生产技术；赫克歇尔–俄林模型的关键词是资源禀赋；新贸易理论的关键词是规模经济。而本书在此基础上，还加入了存在时间概念的动学模型和应用了博弈论的战略性贸易理论。不过因篇幅有限，只能简略介绍其中最有趣的部分。

小结

关于贸易理论和贸易机制

◆**古典贸易理论**

① 李嘉图模型

　不同的国家，相对的生产技术水平也不同。

② 赫克歇尔–俄林模型（长期理论）

　不同的国家，相对的资源所有量也不同；

　（劳动与资本等的）生产要素间代替可能。

③ 特定要素模型（短期理论）

　存在一种投入量几乎不变的生产要素（例如资本）。

　本书不做提及。

◆**自由贸易的基本思想：**

　　强行生产本国不适合生产的商品，最终该商品的国内价格会过于昂贵。若生产相对擅长生产的商品并出口，不生产不适合生产的商品，而是通过进口，那么→会实现更加合理的资源分配（生产要素全部适得其所）→最终，全世界都可以生产更多商品→通过贸易则将全世界的商品进行分配→贸易的好处：贸易将本不可能被消费的生产物组合，变得可能被消费。

第2节　国际贸易体制

1. 为自由贸易而确立的制度

本节将列举两个为确保自由贸易而建立的体制。第一个体制是自由贸易协定（Free Trade Agreement）。例如，由美国、加拿大及墨西哥之间互相缔结的北美自由贸易协定（North American Free Trade Agreement，即NAFTA）。自由贸易协定的成员国之间，贸易活动是不会被征收关税的。并且，从非成员国向成员国进口商品时，每一个成员国都可以自由地自行对进口商品征收关税。第二个体制是关税同盟（Customs Union）。典型的代表例子就是欧盟（European Union，EU）。在关税同盟中，所有加盟国必须对同一种进口商品征收相同的关税。综上所述，这两种体制在关税征收的制度上采取了完全不同的标准。

2. 自由贸易协定的问题点

那么，究竟哪一种贸易体制更好呢？

首先围绕自由贸易协定的问题点，我们以NAFTA为例来进行讨论。如图3.4的（1）所示，我们假设中国、墨西哥及美国三国之间进行贸易：中国向美国出口中国制造的T恤，美国对这些T恤征收10%的关税。但是墨西哥向美国出口T恤时，由于其属于NAFTA成员国，成员国之间的贸易不会被征收关税。

如果你是一位中国的T恤出口商，为了减轻关税的负担，你会采取何种措施呢？此时，中国商人可能会采取"迂回出口"的方法。因为如果墨西哥对从中国出口的T恤征收的关税为2%的话，那么中国就可以先将商品出口到墨西哥，这时会产生2%的关税，然后再将这些商品从墨西哥出口至美国，这时是不会产生任何关税的。也就是说像这样途经墨西哥最后到达美国的迂回出口将原本高昂的10%关税降低至2%。

（1）直接出口至美国，中国关税负担：10%

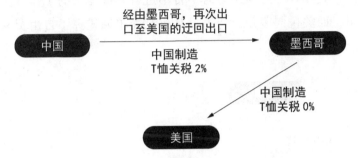

（2）经由墨西哥再次出口至美国的迂回出口，中国关税负担：2%

图3.4　自由贸易协定的问题点

这样对美国来说显然不是什么好事情。在关税收入大幅降低的同时，中国制造的T恤因为物美价廉，若在美国本国市场流通，则会对美国的服装产业造成冲击。

那么应该采取什么办法去避免像这样的迂回出口呢？有一种叫作原产地规则（rules of origin）的可以核查原产国地点的办法。即只要T恤的原产国是中国，那么即使经由墨西哥再次出口，依旧会被征收10%的关税。

只不过这种原产地规则的方法也存在问题，原因是核查商品原产国的工作十分消耗人力物力。如果这项工作由政府部门承担的话，会额外产生高昂的行政费用。若由企业承担这项工作的话，由于同样会产生额外费用，企业则会通过抬高商品的销售价格，从而把费用转移至消费者身上，那么从结果上来看，进行核查反而让消费者损失了利益。

3. 关税同盟

欧盟的关税同盟是否会出现与上述相同的问题呢？例如，如图3.5所示，我们试想中国向法国出口T恤的情形。由于地理原因，我们假设中国要先向德国出口T恤，之后再从德国出口至法国。此时德国会对进口的中国T恤征收10%的关税，而德法之间的贸易不会征收关税。也就是说，中国最终所需负担的只有来自德国的10%关税。但我们假设中国不通过德国进行迂回出口，而是经由其他的欧盟国家向法国出口T恤。可由于欧盟的同盟国都会征收10%的税率，所以中国即使是这样做，也会负担这不变的10%。因此，在欧盟内部无论如何改变出口迂回的国家，关税负担都不会减少。让我们回到自由贸易的问题上，其在处理迂回出口时不得不进行冗杂庞大的工作以及负担高昂的行政费用，而关税同盟则恰巧通过其机制简单回避掉了自由贸易难以解决的问题。

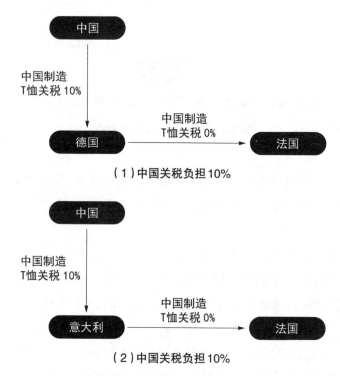

图3.5　关税同盟：在欧盟国家之间内无论如何改变出口迂回国，关税负担不变

那么，与自由贸易协定相比，是不是关税同盟的体制更优呢？就结论来讲，根据不同的事例，它们各有各的好处。自由贸易协定的好处是：围绕着新商品进行贸易活动时，关税的设定十分灵活。而根据关税同盟的规定，如果只是改变了贸易往来国家，但贸易对象中没有出现新的商品，那么采取关税同盟的制度会更有好处。

4. 李嘉图模型

李嘉图模型假设生产中的必要生产要素只有劳动一种，并且劳动者的劳动能力完全相同。而正是由于劳动能力完全相同，所以生产可能性曲线变成了直线型。试想以下的情形，有4名劳动者（A，B，C，D），他们现在全员进行衣服的生产工作。如果此时想要生产少许食物的话，就必须有劳动者转移至食物部门。假如此时D从生产衣服部门转移到生产食物部门，那么想多生产10单位食物就必须牺牲5单位衣服的生产量。同样，C若从生产衣服改为生产食物，结果一样是多生产的10单位食物对应少生产5单位衣服。像上述这样，为了生产食物需要牺牲衣服的生产量，而生产衣服的减少量始终不变，这就是生产可能性曲线在形状上变成直线的原因（如图3.6所示）。

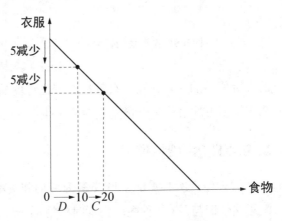

图3.6 生产可能性曲线

反之，若劳动能力之间存在差异，生产可能性曲线则是曲线型。假设还是4名劳动者（A，B，C，D），他们在生产衣服时，A的生产效率最高，B、C和D的生产效率依次递减。现在他们全部从事衣服的生产，若之后想要生产少许食物，则将在衣服生产中生产效率最低的D转移到食物生产部门是最好的选择（适得其所）。这样做之后，为了多生产10单位食物，就会少生产D原本该生产的1单位衣服。若继续增产食物，那么我们将C也转移到食物生产部门。而C为了多生产10单位食物，就不得不少生产原本该生产的5单位衣服。如此一来，为了增产食物，需要被牺牲的衣服生产量将会越来越多（如图3.7所示）。因此，当劳动能力之间存在差异时，

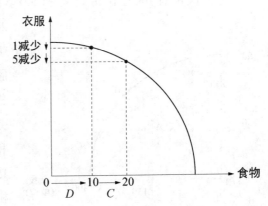

图3.7 生产可能性曲线

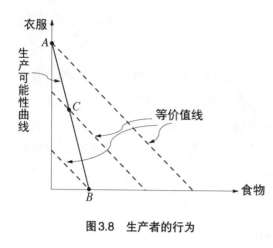

图3.8 生产者的行为

生产可能性曲线为曲线型。

如图3.8所示,其中包括1条李嘉图模型下的生产可能性曲线(直线)和3条等价值线(虚线)。在图上分别标示了点A、点B和点C的3种生产物组合。当生产可能性曲线是直线时,等价值线与生产可能性曲线只会相交而无法相切。而此时最大化生产物价值的生产物组合,则位于生产可能性曲线与最右上方的等价值线的交点A处(衣服是比较优势商品,所以只生产衣服)。像这样,李嘉图模型下的最优生产量是只专注于生产一部分种类的商品的生产量。

5. 赫克歇尔–俄林模型

假设生产所必需的生产要素为劳动和资本这两种,并且基本的生产要素分配思路依旧与只有1种生产要素时的情形一致,即要适得其所。此时我们打算生产衣服和电脑。生产电脑时一定需要劳动者和工厂设备,但相对来说我们认为工厂设备的重要性更高。像这样的资本重要性相对较高的商品,我们称之为资本密集型商品。反之,像衣服那样生产过程中劳动者的相对重要性更高的商品,则被称作劳动密集型商品。由于存在2种生产要素,所以我们采取上述方式来对商品性质进行区分。

现在假设有100单位劳动者和200单位的资本。将这100单位劳动者和200单位资本完全投入生产时,可以生产出500单位电脑或者300单位衣服。如果将劳动者和资本分别对半均分去生产2种商品,即各投入50单位劳动者和100单位资本用于生产电脑和衣服,我们将得到250单位电脑和150单位衣服(严格来说,此处的分析需要假设规模收获量一定)。这里的产出物组合用图3.9的点A表示。点A

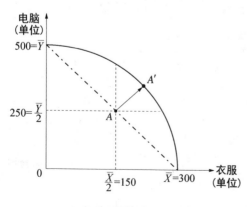

图3.9 生产可能性曲线

处于 $X=300$ 和 $Y=500$ 所连接的直线上，并且位于生产可能性曲线的内部。

　　但是，将2种生产要素分别对半均分给电脑和衣服的生产未必是高效率的。正如前面所说，电脑是资本密集型商品，衣服是劳动密集型商品。若将分给电脑的劳动者转移一部分至生产衣服的部门，且同时将用于生产衣服的资本也转移一部分到生产电脑的部门，我们将可以更高效地生产这2种商品。通过这样调整生产要素的分配，我们将会到达点 A′ 处，从而获得更多的电脑和衣服的产出。也就是说，生产可能性曲线是曲线型的原因在于，有限的资源通过合理的配置之后，能够达到更高效的生产。

　　生产可能性曲线不是直线的赫克歇尔−俄林模型中，不会完全专业化地只生产1种商品。在贸易开始后，该国也会生产非比较优势的商品。

补充说明：赫克歇尔−俄林模型与李嘉图模型的区别

　　让我们来比较并分析这两种模型的不同贸易模式。在李嘉图模型中，由于生产可能性曲线是直线型，基于比较优势，该国只会生产一种商品（比较优势商品完全特化生产）。换句话说该国对非比较优势商品的消费完全依赖于进口。但像这种极端的观点由于太不切实际而常被批判。而在赫克歇尔−俄林模型中，由于生产可能性曲线是曲线型，虽然国内对非比较优势商品的消费依然会依赖进口，但是国内也不会完全停止生产非比较优势商品。因此赫克歇尔−俄林模型更加符合现实的情况。

第4章 ——— 资源禀赋与贸易

■ 主题：出口什么样的商品才是最优选择？

在前一章节学到的李嘉图模型中，其重点在于各国之间生产技术水平存在差异。因此，一方面，各个国家只会生产在生产技术上具备比较优势的商品，并进行出口。另一方面，用出口赚来的钱来进口本国非比较优势的商品，这凸显了进行贸易的好处。李嘉图模型的论点即为贸易的好处来源于各国之间相对生产技术水平的差异。

那么，如果各国之间生产技术水平没有差异时，贸易的好处就荡然无存了吗？为了回答这个问题，我们将介绍基于赫克歇尔-俄林模型的另一种观点。赫克歇尔-俄林模型讲述的是，即使各国之间生产技术不存在差异，贸易依旧会带来好处。该模型着重于各国之间不同的生产资源（资源禀赋），根据禀赋的不同而决定该去生产何种商品，从而也显现出了贸易所带来的好处。

第1节　基于资源禀赋的比较优势

首先，我们定义，在生产中必须有劳动和资本这两种生产要素，并且我们假设劳动者之间的能力，以及资本设备之间的性能均不存在差异。其次，我们假设国内的劳动与资本的量是不变的，即这两者均不会突然增加或者突然减少（这意味着该模型属于放眼未来的长期模型）。再次，我们假定各国只会生产两种商品，其中一种是属于劳动密集型商品的衣服，另一种是属于资本密集型商品的电脑（劳动密集型在这里意为：生产衣服时，比起资本的作用，劳动的作用相对来说更加重要）。最后，假定只有本国和外国这两个国家之间进行贸易，并且相对而言，本国的资本要素充裕，外国的劳动要素充裕（"相对"只强调国家间对比，这是一个关键词）。

"相对"和"绝对"，这两者到底存在什么区别呢？我们先来用表4.1的数值为例试着分析。

表 4.1　各国的资源禀赋

	劳 动 者	资 本
本国	100	200
外国	10	5

在上表中，本国有劳动者100人，而外国只有10人。从绝对量上来说，本国的劳动力要素更加充裕。但是，若从每1单位资本所对应的劳动量数值的角度来看，又是什么样的情况呢？我们以资本数量为基础来衡量一下劳动者数量。首先在本国，劳动者的数量是资本数量的一半（=100÷200）；而在外国，劳动者的数量则是资本数量的两倍（=10÷5）！此时，与本国相比，我们称外国的劳动力是相对要素充裕的。

此后的讨论，我们还假定本国与外国的生产技术水平是完全相同的。这一点也与李嘉图模型完全不同。因为李嘉图模型认为生产技术水平的差异才是贸易的关键，而赫克歇尔-俄林模型想表达的思想是，即使国家间生产技术水平一致，这些国家依旧可以从贸易中获得好处。

接下来让我们使用至今为止学过的生产者与消费者理论，来试着分析应该实行什么样的贸易方式更好。首先从生产开始考虑。在图4.1中，描绘了两条生

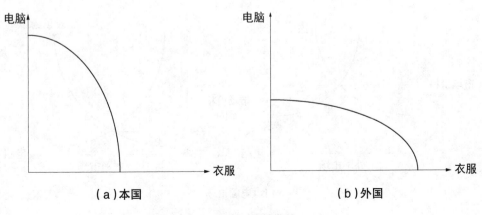

图4.1　生产可能性曲线

产可能性曲线，其中横轴是衣服的生产量，纵轴是电脑的生产量。那么哪一条生产可能性曲线是本国的，哪一条又是外国的，你是否能立刻分辨得出来呢？简单的判断基础是：由于本国相对资本要素充裕，在生产中会偏向生产更多资本密集型的商品，也就是电脑。相反的是，由于外国劳动相对要素充裕，在生产中则会偏向生产更多劳动密集型的商品，也就是衣服。

接下来我们来导入等价值线。我们假设本国衣服的价格是5元，电脑的价格是1元。此时，等价值线的斜率为两种商品的相对价格−5，这也是本国市场两种商品的相对价格。接下来，我们假设外国市场的价格与本国不同。例如，外国衣服的价格是2元，电脑的价格也是2元（如图4.2所示）。

首先，我们来考虑不发生贸易时的状态。在这里，本国市场的价格与外国市场的价格即使不同也没有问题。

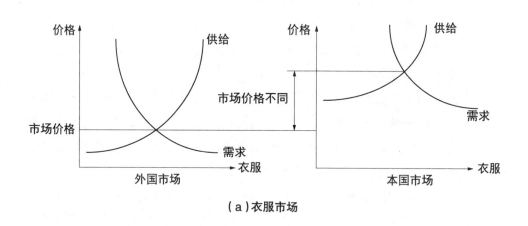

（a）衣服市场

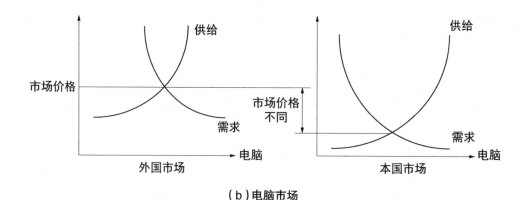

（b）电脑市场

图4.2 两个国家各自的需求与供给

那么，请你再用消费者理论思考一下。衣服的价格是5元，电脑的价格是1元，所以本国的预算约束线为：1×电脑消费量+5×衣服消费量=收入。此时，本国的预算约束线斜率与等价值线的斜率同为−5，等价值线的斜率表示的是国内这两种商品的相对价格。同理，外国的预算约束线与等价值线也可以同用一条斜率为−1的直线来表示。

小结

生产者理论

① 生产可能性曲线（PPF）

　衣服：劳动密集型商品；电脑：资本密集型商品。

② 等价值线

　本国衣服价格=5元，电脑价格=1元

设 Y：电脑的生产量，X：衣服的生产量，

有 $1Y+5X=$ 生产物价值，则 $Y=(-5/1)X+$ 生产物价值

　　　　　　　　　　　　↑斜率：本国的价格比

外国衣服价格=2元，电脑价格=2元

同样地设 Y：电脑的生产量，X：衣服的生产量，

有 $2Y+2X=$ 生产物价值，则 $Y=(-2/2)X+$ 生产物价值 $/2$

　　　　　　　　　　　　↑斜率：外国的价格比

接下来将会在目前为止的讨论内容中加入无差异曲线，进而来分析市场中消费者与生产者在交易时会发生何种情况。即把无差异曲线、预算约束线、等价值线及生产可能性曲线这4条线全部放在一张图中的情形（如图4.3所示）。

如果考虑不发生贸易（封闭经济）的情形，那么消费量与生产量必然是一致的。并且本国与外国分别是两个独立的市场。本国消费点①处的电脑与衣服的生产物组合；外国消费点②处的电脑与衣服的生产物组合。此时，本国与外国各自图片中绘制的直线的斜率互不相同，这是因为它们分别由不同的市场来决定其价格比。

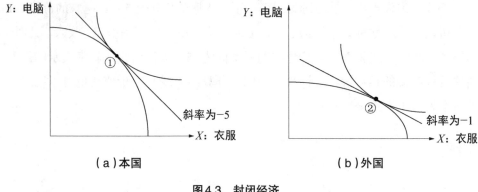

图4.3　封闭经济

那么让我们比较一下这两个市场的相对价格。例如，本国衣服的相对价格与外国衣服相比，到底是更贵还是更便宜呢？我们已知本国等价值线的斜率的绝对值是5（此处可以不用考虑符号），而外国的斜率是1。这里的斜率表示，以电脑为基准表示的衣服的价格。因为5大于1，所以本国的衣服要比外国的衣服更贵。反之，我们还可以得知，本国的电脑则比外国的电脑更便宜（1/5小于1）。

那么，为什么本国衣服相较外国衣服贵，而本国电脑则相较外国电脑便宜呢？原因我们在之前已经解释过，即本国的资本（相对于劳动）要更加丰富，而且电脑是资本密集型商品。也就是说本国在生产电脑方面相对来说成本的消耗更少。所以我们可以称本国在生产电脑时具有比较优势。而对于劳动更加丰富的外国来说，则更倾向于生产属于劳动密集型商品的衣服。

小结

衣服的相对价格：本国为5，大于外国的1。

电脑的相对价格：本国为1/5，小于外国的1。

理由是，本国的资本相对更加丰富，更适合生产属于资本密集型商品的电脑。

因此本国电脑的价格相对更低。

第2节 赫克歇尔-俄林定理

那么本国应该出口（或进口）哪些商品呢？答案是应该出口适合本国生产的（即拥有比较优势的）电脑，进口不适合本国生产的衣服。因为本国生产的衣服需要更高昂的成本，所以本国放弃生产衣服而进口外国成本更低的衣服就好了。像这样，劳动力要素充裕的外国，出口劳动密集型商品；资本要素充裕的本国，出口资本密集型商品。该结论即被称作赫克歇尔-俄林定理。

那么本国应该出口多少电脑，又该进口多少衣服呢？如以更加经济学的方式来说，这种贸易过程是如何达到均衡的呢？

首先在贸易前，本国市场和外国市场之间存在价格差。一方面，本国开始进口衣服后，外国市场为了应对本国进口的需要，外国市场对衣服的需求会增加。因此外国市场中衣服的价格会升高。另一方面，本国市场由于进口衣服，使得本国市场衣服的供给增加，所以本国市场衣服的价格会降低。如此一来，本国市场和外国市场之间的价格差便会越来越小。而贸易量就是在价格差完全消失的时候被决定的。类似的价格调节机制也存在于电脑市场中。从结果来看，当本国和外国市场（即国际市场）的相对价格一致时（例如均为3），也决定了该出口多少（或该进口多少）商品的量。

当不发生贸易时，各国市场所决定的价格可能都有所不同。但在进行贸易的情形下，无论有多少个国家，国际市场的价格只有一个。可是由于原本各国市场之间存在价格差，所以国际市场的价格不是立刻被决定的，而是随着国际贸易的进行，价格差逐渐消除并决定最终价格。像这样，本国和外国不断调节商品价格，直至价格收束至唯一的国际价格（如图4.4）。例如5是本国相对价格，1是外国相对价格，3则是被国际市场决定的相对价格。

但这样的价格调节机制对于无法进行贸易的事物（例如理发服务）来说是不存在的。

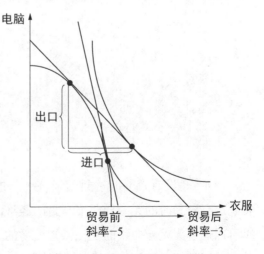

图4.4 贸易开始后的价格调节

小结

◆ **市场：价格调节机制**

＊超额供给时：价格变低

＊超额需求时：价格变高

本国市场的相对价格与外国市场的相对价格不同时，贸易有好处吗？答案是肯定的。

（例）

本国斜率5（衣服贵）

外国斜率1（电脑贵）

→进口更便宜的商品

本国：

　　衣服价格变低（从外国进口低价衣服，导致本国衣服供给变多）；

　　电脑价格变高（因为出口一部分电脑，导致本国电脑需求增多）。

外国：

　　衣服价格变高（因为出口一部分衣服，导致外国衣服需求增多）；

　　电脑价格变低（因为进口了低价电脑，导致外国电脑供给增多）。

◆ **均衡：两国相对价格相同后，既不会再进口也不会再出口。**

如果最初本国和外国市场的相对价格就相同，那么贸易还有好处吗？答案是否定的。

（例）

本国斜率3

外国斜率3

→相对价格一致，没法说哪种商品更便宜

　　图4.5是没有贸易时（封闭经济）与进行贸易时两者间的比较。我们可以看到进行贸易时的无差异曲线与封闭经济时相比，位于更加右上方的位置，所以可以通过无差异曲线的变化得知贸易的好处。此处只描绘了本国的图示，但其实外国的情况是基本相同的，同样可以通过图示来描述进行贸易的好处。

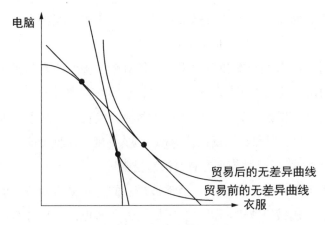

图4.5 贸易的好处：本国

小结

◆ **李嘉图模型：国与国之间，相对的生产技术水平不同**

提问：在李嘉图模型框架内，国与国生产技术水平相同时，贸易还会带来好处吗？

回答：没有好处。

◆ **赫克歇尔—俄林模型（H—O模型）：国与国之间，相对的资源禀赋不同**

提问：在赫克歇尔—俄林模型框架内，国与国生产技术水平相同时贸易还会带来好处吗？

回答：即使生产技术水平相同，若相对的资源禀赋不同，贸易依旧存在好处。

【结论】赫克歇尔—俄林定理

劳动相对丰富的国家，出口劳动密集型商品。

资本相对丰富的国家，出口资本密集型商品。

第3节 对赫克歇尔—俄林模型的批判

1. 资源禀赋真的可以决定贸易模式吗？

在赫克歇尔—俄林模型中，资源禀赋决定了贸易模式：劳动要素充裕的国家出口劳动密集型商品，资本要素充裕的国家出口资本密集型商品。那么该理论能否完美地解释现实中的贸易情形呢？

例如，对美国来说资本和劳动哪一个相对较多呢？通常对于美国这样的发达国家，我们认为其资本相对较多。基于赫克歇尔-俄林模型，美国则应当出口资本密集型商品。但是，如果我们调查数据便会发现，实际上美国在出口劳动密集型商品。因此，里昂惕夫反论认为赫克歇尔-俄林模型可能并不准确。

那么，赫克歇尔-俄林模型究竟有没有错呢？

在关于该问题的诸多议论中，最常被提及的论点来自对资本的定义，即资本不该单独指代机械等物理的资本。例如人力资源也该被划分至广义上的资本的定义中不是吗？因此根据对资本定义的不同，赫克歇尔-俄林模型的合理性也会发生变化。如果是用广义定义下的资本去理解，那么美国确实在出口资本密集型商品，此时再回到赫克歇尔-俄林模型的框架中去分析，也并不会产生任何冲突。

但是，在资本的定义之外也存在着主要围绕模型根本思想的其他讨论。到目前为止所介绍的传统贸易理论，均是基于比较优势思想来决定贸易模式的。但是，当贸易模式是被除此之外的原因所决定时，里昂惕夫反论也不失为一种正确的主张。另外，例如在后述将提到的新贸易理论中，决定贸易模式的将不再是比较优势，而是规模经济。而在使用赫克歇尔-俄林模型分析贸易模式时，即使存在无法解释的现实问题，通过里昂惕夫反论去理解的话也不会产生过强的违和感。

2. 发展中国家只能出口原材料商品吗？

我们已经知道在资源禀赋决定贸易模式时，其根本原因是来自比较优势。如果劳动力要素充裕的发展中国家，想要突破比较优势的限制去出口资本密集型的工业化商品，即使是转换其产业构造，也无法实现这种贸易活动吗？对于这一疑问，出现了另一个方向的讨论，即赫克歇尔-俄林模型否定了发展中国家的经济发展模式。面对这样的意见，我们该如何去思考呢？

假设如果发展中国家获得被投资的机会，从而使得大量资金流入，即资本的量会变得更多。再者，如果我们把资本的质量也纳入考虑范围，又会出现什么情况呢？发展中国家很有可能通过改善资本的质量，慢慢变成资本要素充裕的国家。类似的还有，虽然是发达国家，但通过改善教育等基础设施的质量，也可以使得劳动的质量变得更好。若发达国家拥有极高的教育水平，那么以往定式化认为发达国家是资本要素充裕国的想法也将变得没那么有说服力，同时发达国家出口劳动密集型商品也是完全有可能发生的事情。

像这样考虑到资源禀赋可以发生变化时，即使是用赫克歇尔–俄林模型分析贸易模式，也不会得到"发展中国家只能出口原材料商品"这一结论了。只不过在一般的经济学教材中，介绍赫克歇尔–俄林模型时通常不会明确地解释上述所提到的资源禀赋会发生变化的情形。因为即使在生产要素的质量发生改变后，仍采用赫克歇尔–俄林模型去解释，虽然会出现不一样的分析结果，但是也不能否定赫克歇尔–俄林模型的合理性。所以，关于这一小节的讨论，想必诸位已经心存答案了。

第5章 —— 生产要素市场与收入分配

■ 主题：谁从贸易中获利？

到前一章为止，我们通过介绍多种理论来解释贸易带来的好处。但是，由于贸易利益并非是所有人都能享受到的，所以也有一些人会表达反对贸易的意见。本章则以"在贸易中获得利益的群体"和"在贸易中遭受损失的群体"作为分析对象。在前一章解释贸易模式是被如何决定的时候，我们使用了赫克歇尔-俄林模型，本章也继续使用此模型进行分析。本章将重点分析"当商品价格发生变化时，会对生产要素的价格（例如劳动者的工资和资本租金率；生产要素可简称为'要素'）产生何种影响"这一问题。

第1节　斯托尔帕-萨缪尔森定理

本节的重点是如何对商品市场和生产要素市场进行区分。商品市场即是商品发生交易（买卖）的市场，如厂商将电脑等商品生产出来后进行买卖的市场；要素市场即是像劳动市场那样，进行生产要素买卖的市场。

以"劳动要素充裕的外国与资本要素充裕的本国"举例来说，当二者间发生贸易时将会发生什么呢？根据前一章学过的赫克歇尔-俄林定理，我们可以得知：劳动要素充裕的外国会出口劳动密集型商品，而资本要素充裕的本国会出口资本密集型商品。而像这样进行贸易时，如果商品的价格发生变化的话，要素报酬又会受到什么样的影响呢？

首先，我们来思考商品的价格将会发生何种变化。假设外国出口劳动密集型商品的衣服，那么外国的衣服的相对价格会上涨。这是由于当越来越多的本国消费者购买衣服时，国际市场需求也会大幅度增加（由于外国出口衣服，导致外国其国内市场中衣服的供给量减少），从而使得衣服的相对价格升高。

类似地，电脑的价格变化也可以同样用以上的说明来进行理解。由于本国出口资本密集型商品的电脑，所以当外国的人越来越多地需要购买电脑时，国际市场上人们对电脑的需求是增加的（本国出口电脑会导致在本国市场上电脑的供给量减少），从而使得电脑的相对价格升高。

在这里我们着重对外国进行分析。对外国来说，当劳动密集型商品的衣服相对价格上升时，比较生产衣服和生产电脑这两种活动，哪一种会更合适呢？答案一定是生产更多相对价格上升的衣服，不是吗？也就是说应该减少生产相对价格下降的电脑。

当出现这样的生产调整时，外国的要素市场又会发生什么变化呢？此处的模型存在两个产业，其一是生产劳动密集型商品的衣服产业，而另一个则是生产资本密集型商品的电脑产业。当衣服产业加大生产时，需要投入（雇用）更多的资本与劳动；反之，对减少生产的电脑产业来说则需要减少（解雇）资本与劳动。但是，显然在这样的生产调整过程中，以相同比例投入或者减少资本与劳动是不正确的。

那么应该以何种比例来对资本与劳动的投入量进行调整呢？例如在电脑产业中我们可以减少相对较多的资本与相对较少的劳动。这是因为电脑是资本密集型商品，所以生产电脑时需要相对较多的资本。而反之，对劳动密集型的衣服产业来说，伴随着衣服的追加生产，需要雇用相对更多的劳动，但只需要新增少量的资本。因此，在电脑产业中被减少的生产要素，并不会完全被正在扩大生产的衣服产业雇用（这是由于电脑产业解雇更多资本而衣服产业需要更多劳动）。因此在生产调整中，资本与劳动之间的供需关系会处于不平衡的状态。

当要素市场出现供需失衡的情形时，价格调节机制会发挥其作用，对供给与需求进行调节。在上例中，处于超额需求的劳动的价格（工资）会上升，而处于超额供给的资本的价格（资本租金率）则会下降。

而在本国也会发生与上述相同的价格调节过程。本国出口电脑，并且因为电脑相对价格正在上升而增产电脑，反之对衣服进行减产。一方面，由于电脑是资本密集型商品，所以会导致电脑产业将投入相对更多的资本并雇用少量的劳动。另一方面，劳动密集型的衣服产业则会解雇相对更多的劳动并减少少量的资本。同样地，由于本国的生产调整，本国要素市场中也会发生供需关系的不平衡的现象。最终，劳动与资本的供需失衡状态会通过价格调节机制（工资下降和资本租金率上升）的调整达到新的供需平衡。

这样的结果即是**斯托尔帕-萨缪尔森定理**。该定理的内容为：**劳动密集型商品价格相对上涨后，工资上涨，资本租金率下降。同样地，资本密集型商品价格相对上涨后，工资下降，资本租金率上升。**

小结

◆ **斯托尔帕-萨缪尔森定理**

- 两种商品　劳动密集型商品（如衣服）；资本密集型商品（如电脑）
- 两个国家　本国：衣服价格5元；电脑价格1元

　　　　　　外国：衣服价格2元；电脑价格2元

因为本国的衣服相对价格较高

（外国：2/2=1　＜　本国：5/1=5）

劳动要素充裕的外国与资本要素充裕的本国开始贸易后

　　外国的商品市场中

　　衣服生产：增加

　　电脑生产：下降

外国的要素市场中

　　电脑产业：资本密集型（解雇较多资本与较少劳动）

　　衣服产业：劳动密集型（雇用较多劳动与较少资本）

→ 劳动超额需求（解雇＜雇用）导致工资增加

　　资本超额供给（解雇＞雇用）导致资本租金率下降

第2节　贸易后的收入分配

那么，如果结合斯托尔帕-萨缪尔森定理和赫克歇尔-俄林定理的内容，我们可以对自由贸易做出何种评价呢？赫克歇尔-俄林定理让我们理解了贸易的模式：当两个国家发生贸易时，资本要素充裕的国家出口资本密集型商品；劳动要素充裕的国家出口劳动密集型商品。而像这样的进出口会影响到相应商品的价格。在上述的例子中，当外国开始出口劳动密集型商品的衣服时，衣服的价格会上升，与此相伴随发生的还有生产调整。而当商品市场中出现生产调整后，会触发要素市场中的雇佣调整，调整的最终结果则会反映在工资与资本租金率的变化上。根据斯托尔帕－萨缪尔森定理，在该例中由于劳动要素充裕的外国为了出口衣服而增加衣服的产量，所以外国对劳动的需求增加，工资上升；相反地，由于外国为了进口电脑而减少自己电脑的产量，所以外国对资本的需求减少，资本租金率降低。这时资本要素充裕的本国，为了出口电脑而增加电脑的产量，使得本国对资本的需求增加，资本租金率上升；同样地，本国为了进口衣服而减少衣服的生产量，使得本国对劳动的需求减少，工资降低。

到前一章为止，我们的分析对象只有商品市场。比较存在贸易和不存在贸易的两种状态，由于存在贸易时消费者的福利（效用）得到了改善（也就是效用更高了），所以我们可以得知自由贸易是件好事。而在本章我们导入了生产要素市场并考虑了**收入分配的情况**，可以得知当资本要素充裕的国家开始贸易后，资本租金率上升，工资下降。这也就意味着资本家得利，而劳动者遭受损失。同样地，当劳动要素充裕的国家开始贸易后，工资上升，资本租金率下降。即劳动者得利，而资本家遭受损失。

小结

劳动要素充裕的外国与资本要素充裕的本国开始贸易时

① 赫克歇尔－俄林定理

　外国的出口产业：衣服

　贸易开始后，衣服价格上升

　本国的出口产业：电脑

　贸易开始后，电脑价格上升

② 斯托尔帕－萨缪尔森定理

　外国

　工资：增加

　资本租金率：降低

本国

工资：降低

资本租金率：增加

③ 自由贸易中的利益分配

生产要素市场中

外国：劳动者获利；资本家损失

本国：劳动者损失；资本家获利

→所以由于立场不同，人们对待自由贸易的态度也不同。

商品市场上

对消费者来说，贸易存在好处

那么"自由贸易是好事"这一结论究竟是对是错呢？由于几乎所有人都既是通过劳动获取报酬的劳动者，也是用工资进行消费的消费者，所以我们一旦考虑到收入分配，就无法对这句话进行判断。当然，也一定存在不进行劳动而只通过自己的资产获得收入的资本家。考虑到类似这样的情况，我们在关于"自由贸易是好是坏"的价值判断方面，则会根据不同人所处的不同立场而发生变化。所以在现实中自由贸易并未被所有人都推崇的原因之一，便是由于人们各自的得失不尽相同。

但即便如此，也存在着推崇自由贸易的主张，而这种主张通常考虑到了**收入再分配**。我们假设自由贸易的实施会为本国资本家带来 10 000 元的利益，而为劳动者带来 500 元的损失。此时，如果资本家为了能让劳动者赞成自由贸易的政策，而付给劳动者 2 000 元，劳动者会接受吗？我们可以看到此时的劳动者如果接受的话，即可以获得 1 500 元的利益，何乐而不为呢？而此时的资本家与不进行贸易的情况下相比，也可以获得 8 000 元的利益。所以资本家为了促进自由贸易的实施，会以更加积极的态度给予劳动者额外的报酬。此时自由贸易的好处便是：即便要补偿一部分人（劳动者）的损失，在这之后仍然可以获得高昂的利益。

但现实中的收入再分配并不能像上述个人间的交涉那样轻松实现，反而通常会依赖于政府的介入工作。例如政府会向获得大量利润的人课税，向受到损失的人以失业保险等一系列政策进行补偿。因此，如何合理地进行收入的再分配便成为现实中常被讨论的问题。并且，如果享受到贸易利益的只有小部分人群（一些有钱人）的话，则会出现不公平的问题。即使是上述提到的资本家和劳动者收入再分配模式的例子，从社会公平的角度来看，也难以被所有的国民认可。因此当我们考虑到收入分配时，必须留意理论与现实的落差。

第3节　贸易是造成收入差距的原因吗？

日本和美国的收入差距问题在近十年逐渐浮上水面，并且围绕其产生原因存在着大量研究。在这些研究中，有一种观点认为"贸易是导致收入差距扩大的罪魁祸首"。在本节，我们将劳动者分为熟练劳动力（skilled labor）和非熟练劳动力（unskilled labor），来分析这一观点究竟是否正确，并关注他们收入上存在的差距与变化。

1. 教科书上经常看到的理论

我们来试想美国与墨西哥开始进行贸易的情形。美国相对来说具有丰富的熟练劳动力，而墨西哥相对来说具有大量的非熟练劳动力。现在，两国都生产熟练劳动密集型商品的电脑和非熟练劳动密集型商品的T恤。在这里为了方便讨论，必要的生产要素只分为熟练劳动力和非熟练劳动力。

此时，所有人都会赞成自由贸易吗？或者说如果不是所有人都赞成的话，那么谁会赞成，而谁又会反对呢？为了回答这个问题，我们首先要对贸易模式进行分析，此处我们先尝试用赫克歇尔-俄林定理来解释。根据该定理，熟练劳动力要素充裕的美国，在生产熟练劳动密集型商品的电脑时存在比较优势，所以美国应该增产电脑并增加其出口。同样，非熟练劳动力要素充裕的墨西哥，在生产T恤时也存在比较优势，所以墨西哥应该增产T恤并增加其出口。

伴随着上述那些商品市场中的生产调整，同时发生的还有生产要素市场（此处仅为劳动市场）中生产要素的供需调整，具体表现为工资这一要素价格的变化。那么此时根据斯托尔帕-萨缪尔森定理我们又该如何进行理解呢？由于墨西哥会增加电脑进口，即国际市场对电脑的需求增加（或者说由于美国加大了电脑出口，美国本土市场的电脑供给反而减少），导致了电脑相对价格的上涨。而美国为了增产电脑必须雇用更多熟练劳动力，此时由于美国对熟练劳动力的需求增加，导致美国熟练劳动力的工资上涨。另一方面，美国本土T恤产业受到墨西哥进口T恤的冲击，不得不降低T恤价格并减产，同时也会导致非熟练劳动力大量失业。而在这些失业者中，有一部分会由于电脑产业的增产获得再就业机会，但由于电脑的生产并不需要大量的非熟练劳动力，所以在T恤产业中失业的所有劳动者并不能全部完成再就业。因此劳动市场上的非熟练劳动力出现超额供给，使得非熟练劳动力的工资降低。

同样的情况也发生在墨西哥，即非熟练劳动力要素充裕的墨西哥会降低熟练劳动力的工资并上涨非熟练劳动力的工资。像这样在以相对充裕的生产要素作为比较优势的模型中，能提供充裕生产要素的人会获利，其余的人则会遭受损失。

接下来我们来进行关于收入分配结果的分析。

通过前面的分析我们已经得知，在美国，熟练劳动力的工资会上涨，而非熟练劳动力的工资则会下降。假如贸易前熟练劳动力的工资是100美元，非熟练劳动力工资是20美元，最初的收入差距是80美元。开始进行贸易后，熟练劳动力的工资上涨到了150美元，而非熟练劳动力的工资下降到了10美元，此时收入差距增加到了140美元，即贸易的进行反而使得收入差距变得更大了。所以根据赫克歇尔-俄林模型，自由贸易是造成收入差距扩大的原因。这个例子表明，开始贸易后不只会出现获益群体和受损群体的分化现象，还会伴随着出现收入差距扩大的问题。

那么在墨西哥又会是如何呢？假设贸易前熟练劳动力的工资是60美元，非熟练劳动力的工资是10美元，起初的收入差距是50美元。贸易开始后，熟练劳动力的工资降低至50美元，而非熟练劳动力的工资上涨到15美元的话，收入差距反而会缩小至35美元，此时并不会出现收入差距扩大的问题。

除此之外，开始贸易后还会发生必要的产业结构转型过程，而这一过程是十分艰难的。例如，美国T恤产业的衰退会使该产业原本的劳动者面对双重难题。首先，由于T恤减产，会出现暂时失业的问题。其次，劳动者们即使免遭失业，继续在T恤产业工作，也不得不面对工资下降这一残酷事实。因此，T恤产业中的非熟练劳动力们都会反对自由贸易。

本节说明的理论常被用作反全球化运动的有力论点。

2. 理论与现实的一致性

那么本节的理论是否能够准确解释现实中的现象呢？

首先，我们必须要注意的是时间概念，比如上述提到的讨论前提是基于长期模型的。我们已经学习过当贸易开始后，商品市场的生产调整会给要素市场带来一定的波及效果（基于要素供需关系的要素价格变化），而实际上这一过程是需要大量时间的。T恤产业中被解雇的非熟练劳动力们有一部分可以在电脑产业中完成再就业，但我们无从得知大部分失业的非熟练劳动力们处于失业状态的时间究竟会持续多久，并且我们也无法轻易想象产业结构转型所需要的时间究竟有多长。因此，我们在此处只能得知该模型在长期中的解释或许符合现实，但在短期内我们无法判断其正确与否。

另外，我们也不能确定市场是否能够完全发挥其功能。在上述的讨论中，我们实际上默认了劳动市场中市场的价格调节机制是正常的，也就是说劳动者的失业会导致劳动供给过剩的结果。因此市场机制使工资降低，然后再次达到完全雇佣状态（市场均衡）。但是现实中的劳动市场其实是很难如我们所想象那样简单完成上述调节的。

那在我们注意到以上两个前提后，是否还能得到贸易会使收入差距扩大这一论点呢？而另一个重要问题其实是：在理论上正确的内容是否能够准确地解释现实中的某种现象？如果经济理论只能够在空想的条件假设下具有说服力，那该理论并没有实际的指导意义。所以经济学研究方法主要分为理论经济学与实证经济学两种。简单地介绍一下，理论经济学是从现实中抽取某种现象，并使用数学工具对其进行解释，从而完成某种理论或模型的提出。而实证经济学是将现实中某种现象的数据代入理论经济学中所创造的观点或模型中，来证明其是否能够正确地解释这种现象。

接下来，我将简要介绍以"贸易是否是造成收入差距扩大的原因"为主题的相关实证研究。

20世纪80年代到90年代的发达国家逐渐出现了收入差距扩大的问题。相关研究在探寻其原因的过程中，有一种观点提到可能是由于贸易所导致的。但是，90年代的研究并没有得出贸易是造成收入差距扩大的原因这一结论。而理由也十分简单，我们来试想一下发展中国家在发达国家贸易中进口量的占比。实际上由于当时发达国家总进口量中，发展中国家的进口量占比很小，因此在分析贸易对发达国家经济上的影响时，可以认为由发展中国家造成的影响应该也较小。因此像斯托尔帕-萨缪尔森定理所考虑的收入差距问题也并不会出现。

细心的读者可能会发现，为什么上述的例子只强调了发达国家和发展中国家之间的贸易呢？这是因为本章进行分析时，主要使用的**赫克歇尔-俄林模型**的关键点是各国之间相对的资源禀赋。因此，本身资本和劳动这类资源禀赋就存在比例差距的**发达国家与发展中国家的贸易**，是十分符合赫克歇尔-俄林模型的解释的。通常，发展中国家的劳动要素充裕，而发达国家的资本要素充裕。根据赫克歇尔-俄林模型，发达国家会从发展中国家进口劳动密集型商品，并向发展中国家出口资本密集型商品。但是反观现实中的贸易总量，显然发达国家之间的贸易在全球贸易中占比较大。我们也将在后面的章节介绍关于发达国家之间的贸易理论。

那么造成收入差距扩大的原因到底是什么呢？90年代的美国由于技术的进步，劳动市场也受到了不小的影响。假如劳动市场只分为熟练劳动力和非熟练劳动力这两种劳动者类型，技术进步会对这两种劳动者的劳动需求产生什么影响呢？简单来说技术进步会使生产高附加价值的商品成为可能，而该生产的前提通常是掌握了某种特定技能，我们假设该特定技能是"操作电脑"。除了生产之外，生产管理及综合事务等其他工作也需要操作电脑。但并不是谁都能胜任需要电脑操作知识的工作。换句话说，即：能够操作电脑的熟练劳动力的工作机会将会得到提升，而本身不具备操作电脑技能的非熟练劳动力则会面临工作的流失。那么如果对熟练劳动力的需求增加（即对非熟练劳动力的需求减少），则熟练劳动力的工资会相对上涨，非熟练劳动力的工资会相对下降。如此一来，我们便可得知技术进步更有可能是造成90年代收入差距扩大的真实原因，而贸易在收入差距扩大的过程中并没有产生什么影响。

21世纪初时，关于收入差距扩大的问题依旧争议不断。那20世纪90年代的研究成果能否同样用来说明21世纪初收入差距扩大的原因呢？实际上在21世纪初也围绕着这一问题进行了一系列的讨论。比如在2008年克鲁格曼就认为该问题的研究背景已经发生了变化，这是由于从20世纪90年代后半期到21世纪初，发达国家中发展中国家的进口量占比一直在稳步增长。所以在那样的时代背景下，就不得不考虑贸易是造成收入差距扩大的原因。

小结

　■

说明关于发达国家工资降低的相关理论

① 发达国家和发展中国家的贸易

　　发达国家：非熟练劳动力的工资降低（本章说明）

② 发展中国家进口部门的不平衡增长

　　发达国家：因交易条件恶化造成工资降低（下一章说明）

③ 从发达国家到发展中国家的资本移动

　　发达国家：劳动的边际生产力低下（补论处说明）

关于20世纪90年代的分析，这些议论是对还是错还需谨慎判断。

补论：从发达国家移动至发展中国家的资本（资本出口）是否会造成发达国家的工资降低？

在20世纪90年代时，出现了"对发展中国家的资本出口是否会造成发达国家劳动者工资下降"的相关讨论。其理论依据是：出口资本的发达国家的投资储蓄将会减少，这会导致劳动者人均资本减少，从而使得劳动的边际生产力降低，工资也相应减少。

为了更好地进行理解，让我们复习一下工资的决定过程。

我们假设1台汽车的销售价格是1万美元

（情形1）要继续雇用新来的甲吗？（甲能生产2台汽车＝边际生产力2单位；他要求1.5万美元的工资） 回答：雇用

　　因为对企业来说有：1万×2美元（收入）＞1.5万美元（成本）

（情形2）要继续雇用新来的乙吗？（乙能生产2台汽车＝边际生产力2单位；他要求3万美元的工资） 回答：不雇用

　　因为对企业来说有：1万×2美元（收入）＜3万美元（成本）

（情形3）要继续雇用新来的丙吗？（丙能生产1台汽车＝边际生产力1单位；他要求1万美元的工资） 回答：雇用

　　因为对企业来说有：1万美元（收入）＝1万美元（成本）

也就是说，工资由以下公式决定：

名义工资 = 价格 × 边际生产力

该公式也可改写为：

实质工资 = 名义工资/价格 = 边际生产力

生产汽车需要资本和劳动，而劳动的边际生产力又会根据资本量的不同发生变化。比如在生产线上投入最新的设备，由于新设备的投入，那么每一位劳动者的生产力都会以相同水平上涨，但每个劳动者自身的能力本身并未发生任何改变。

因此从理论上讲，对进行资本出口的发达国家来说，由于发达国家的劳动者的人均资本减少了，所以劳动的边际生产力会降低，工资也会减少。

但是，通过数据验证，在出口至发展中国家的资本之中，发达国家的资本出口占比是十分少的。如果资本的减少幅度并不是很多，那么劳动的边际生产力也不会降太低。因此这一讨论究竟是否妥当，还需要更多的考量。

第6章 ——— 国际间的要素移动

▌主题：是否应该接受移民？

对发达国家来说，在少子老龄化不断推进的过程中，各种各样的社会保障政策会使政府面临财源紧缺的问题。并且，社会各界成员还会对"人口增加率停滞将导致长期的经济增长率停滞"这一问题表示担忧。"是否接受移民"作为政策问题在被讨论的同时，政策制定者也不得不考虑接受移民的弊害。本章将介绍接受移民会对国内经济产生的各种影响。

第1节 罗伯津斯基定理

本节主要介绍分析移民问题时经常用到的**罗伯津斯基定理**。该定理解释了，当某国本身拥有的劳动量和资本量（即要素禀赋）发生变化后，生产模式会如何变化。我们可以事前思考一下，如果某国接受大量移民后，其生产模式会发生何种变化呢？

本书在讨论贸易现象时经常用到以下4种概念：生产可能性曲线、等价值线、无差异曲线和预算约束线。在这些概念中，哪一个会在某国接受移民时而发生变化呢？我们先来考虑生产可能性曲线。图6.1描绘了生产可能性曲线，横轴是劳动密集型商品T恤的生产量，纵轴是资本密集型商品电脑的生产量。此处的生产要素是资本与劳动。

当大量劳动者加入生产中时（即

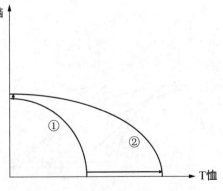

图6.1 生产可能性曲线的向外移动

接受移民），我们能预想到劳动密集型商品T恤的生产能力将会得到改善，而另一方面电脑的生产能力将完全不受影响。但其实这样思考并不对，因为在电脑生产中，也同时会使用到劳动和资本。所以当劳动者加入时并不会只影响到T恤的生产能力，同时还会带来其他好处。在图6.2中，横轴上的点表示该国使用全部要素来生产电脑时，可能生产的电脑的最大生产量。如果在电脑生产中，劳动和资本可以互相代替，那么移民将会使电脑的最大生产量进一步增多。换句话说，此处的模型在生产电脑时，不仅仅只有资本3单位和劳动1单位这种固定生产要素搭配前提，例如将劳动5单位资本1单位投入电脑生产时，同样可以完成生产任务。因此，生产可能性曲线的形状依旧是偏向生产量相对较多的T恤，并向外侧移动。需要注意的是，虽然生产可能性曲线的横纵轴表示生产量，但此处讨论的重点并不是生产量，而是生产能力。

我们从上例得知当一国的生产要素总量变多时，生产可能性边界的范围也会变大。那么生产模式又会如何变化呢？考虑到生产量的决定，就不得不加入对等价值线的讨论，图6.2中的两条直线均为等价值线。假如国际市场上两种商品的相对价格在接受移民的前后不会发生变化，那么接受移民前后的两条等价值线也会处于平行的状态。使生产物价值最大化的生产量组合由等价值线与生产可能性曲线的切点所决定。如图所示，接受移民前的生产量为①，接受移民后的生产量为②，接受移民会使劳动密集型商品T恤增产，而使资本密集型商品电脑减产。

为什么要增产T恤、减产电脑呢？因为，劳动者的大量进入会使该国加大力度生产劳动密集型商品T恤，但T恤的增产也要使用一定的资本。那么这些资本从何而来呢？由于一国的要素禀赋（此处强调资本）有限，那么只有通过减产电脑，将本该用在电脑产业的资本转移到T恤产业中才行。所以生产更多T恤势必要牺牲电脑的生产量，才能同时使用新进入的大量的移民劳动者和至今为止用于电脑生产中的资本。更严谨地说，电脑的减产过程中，不单单只有资本的撤出，劳动也会从电脑产业中撤出。

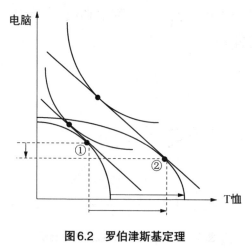

图6.2 罗伯津斯基定理

综上所述，罗伯津斯基定理的内容即是：**当劳动者增加时，劳动密集型商品增产，资本密集型商品减产**。同样地，当资本增加时，劳动密集型商品减产，资本密集型商品增产。

小结

◆ **罗伯津斯基定理**

由于移民使劳动人口增加时，生产模式会如何变化呢？

（例）劳动供给增加时

若国际市场两商品相对价格不变

T恤增产↑ & 电脑减产↓

劳动供给增加导致劳动密集型商品增产

细心的读者可能会发现，只让移民进来的这一部分劳动者去生产T恤不就好了吗？这种生产方式也不是不可能，但其一定不是能使生产物价值达到最大化的生产量组合。如果不改变电脑的生产模式（即电脑产业中的资本与劳动均不撤出），会达到如图6.3中的③所示的生产物组合，而该处虚线所表示的等价值线比①的情况更低（即生产物价值更低）。

最后我们加入消费者理论来继续进行分析。比较一下图6.2中①与②的无差异曲线的位置，我们得知由于移民的发生，生产要素增加之后会比增加前获得更高的满足度。这是因为生产要素的增加会使生产更多的产品变为可能，从而达成更高的总生产物价值。因此，比对移民之前，移民后能够进口的商品量也会增多，移民前达不到的商品消费组合在移民后变为可能，这也就意味着移民后满足度会变得更高。

图6.2描述了劳动要素充裕的国家接受移民时的情形。为什么是劳动

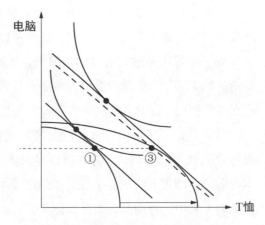

图6.3 无法完成生产物价值最大化的生产

要素充裕呢？这一特征我们可以通过该国出口劳动密集型商品的T恤进行判断。

读者们对罗伯津斯基定理的结果如何评价呢？由于该定理假设了两种商品生产量改变后相对价格不变，所以可能有人会认为该定理与到目前为止所阐述过的理论没有统一性。

一般的教科书都会引入罗伯津斯基定理的内容，由此我们也可以判断它并非毫无意义。那么此定理在何种情况下我们才能得到更有效的讨论结果呢？换句话说，到底在什么时候，即使商品的生产量改变，其相对价格也不会受到影响呢？从结论上说，在国际市场上如果本国的贸易量只占极其小的份额时，那么本国的商品产量对于该商品的价格影响几乎是不存在的。我们将上述提到的结论称为**小国**假设。也就是说对小国来说，罗伯津斯基定理的假设并不是没有意义的，相对来说反而存在一定的妥当性。此处的讨论将会在其他章节（参照交易条件章节）再次提及。

小结

罗伯津斯基定理的妥当性

商品相对价格不变这一假设是否妥当？

由于小国的贸易量在国际市场上所占份额很低，故不会对商品的国际价格产生影响。

也就是说，罗伯津斯基定理在用于小国的分析时并无大碍。

至此的讨论只提及了单一生产要素增加的情形。作为应用问题，若两种生产要素同时增加又会发生什么呢？请思考以下的案例。

以"小国在不进行贸易的情况下，生产资本密集型商品的电脑和劳动密集型商品的T恤"为前提。该小国在随着投资机会的扩大而获得资本进口的同时，也在接受移民。此时各商品的生产量会发生什么变化呢？

首先我们来考虑生产可能性曲线可能会发生什么样的变化吧。假设由于移民导致劳动者增加15%，资本进口导致资本增加10%。那么最开始时，如果资本与劳动各增加10%时会发生什么呢？各增加10%的话，生产可能性曲线不会仅偏向于其中一种商品，而是如图6.4所示，两种商品向外侧扩大的范围是相同的。同时虽然两种商品生产均增多，但电脑与T恤的生产量比例不变。

紧接着回到之前劳动增加15%、资本增加10%的问题。那么在上述已发生变化的生产可能性曲线的基础上，生产可能性曲线继续变化的幅度会由再次增加的5%的劳动所决定。最终形成的结果如图6.5所示，发生②所示的生产可能性曲线的变化。

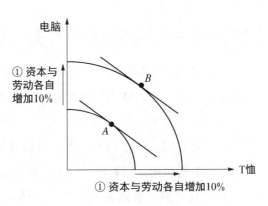

图6.4 生产可能性曲线

那么对于电脑和T恤的生产模式，我们该如何理解呢？图6.5表示了两种商品均进行增产的情形。但是从结论上来看，T恤的生产量必然增多，但是至于电脑的生产量我们无法得到明确的答案，这又是为什么呢？为探究其中原因，我们首先来分析①所示的变化。由于生产可能性曲线并未偏向于其中的某一种商品，所以电脑和T恤增加的生产量比例不会发生变化，且两者的生产量均增加（对比A点和B点）。接着我们来看②所示的变化，由图可知T恤的生产量继续增加，则电脑的生产量会减少（对比B点和C点）。那么总结以上的分析，我们知道①与②的效果的总和是现实中资本增加10%且劳动增加15%所带来的结果。而又因为两次效果都导致了T恤的生产量增加，所以最终T恤的生产量必然增加。但两次效果导致电脑的生产量先增加后减少，所以我们难以对电脑生产量发生的变化下一个准确的判断。这时，根据生产可能性曲线的形状和相对价格的大小，我们可以得到图6.6所示的电脑减产时的情形。

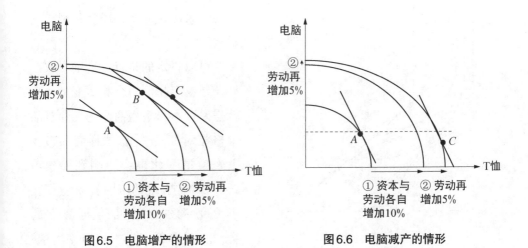

图6.5 电脑增产的情形　　　　　　图6.6 电脑减产的情形

第2节 大国的情况（无小国假设）

至此的讨论的前提是国际市场上商品相对价格是一定的（小国假设）。如果该假定发生变化后，结论又将发生何种变化呢？我们来思考以下的案例。

以"劳动要素充裕的墨西哥生产资本密集型商品的电脑和劳动密集型商品的T恤"为前提。此时也有"资本进口增加，移民增加"这一约束条件。那么身为大国的墨西哥，其各商品的生产量又会发生什么样的变化呢？

我们先来假设其他国家的生产量是一定的。如果这时国际市场上两种商品的相对价格依旧不变，那么墨西哥的生产量将如图6.7所示从①移动到②。一方面，由于墨西哥是大国，墨西哥的T恤增产会使其出口更多的T恤，那么T恤在国际市场上的价格也会下降。另一方面，由于墨西哥进口的电脑增多，所以国际市场上电脑的价格会上升（电脑需求增多，所以价格增加）。因此，等价值线会发生从②旋转至③的变化。

结果如图6.7所示。首先与移民前相比，虽然T恤的生产量和消费者的效用依旧增加，但和相对价格不变时相比，其改善程度变低。其次，根据等价值线的旋转程度的不同也可能会得出不同的结论。国际市场上的相对价格又被称作**交易条件**，而其变化将会对经济产生巨大的影响。关于交易条件的介绍将会在后续其他章节进行详细说明。

接下来将上述讨论范围扩大，我们来思考移民会对收入分配产生何种影响。

以"资本要素充裕的日本生产资本密集型商品的工业制品和劳动密集型商品的农产品"为前提，然后大量的农业从事者（移民）来到了日本。如果把日本视作大国，那么移民会带来哪些影响呢？

可以肯定的是日本会增产农产品，且农产品价格会相对变低（也就是说资本密集型商品的工业制品价格相对变高）。像这样商品市场上发生的变化也会影响到要素市场（资本与劳动的市场）。根据斯托尔帕-萨缪尔森定理我们可以得知，会使工资降低，资本租金率上涨。

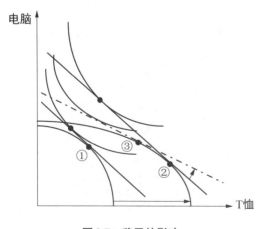

图6.7 移民的影响

因此日本国内现有的农业从事者们虽然不赞成外国农业从事者移民过来，但资本家们却对农业从事者移民表示欢迎。

那么现实中又是怎么样呢？上述的讨论可能与我们所想的有所出入，这是因为通常接受外国农业从事者移民的期间不会很久（比如5年），所以以长期理论为基础的斯托尔帕-萨缪尔森定理的应用就变得没有太强的说服力了。上述考虑及围绕现实中的诸多问题我们将在下一节进行讨论。

第3节　现实中移民的诸多问题

选择移民的人都具备一定特征，那么通常什么样的人会移民呢？让我们通过数据进行分析。根据收入水平的不同，低收入国家的人们因为难以承担移民的费用所以通常无法移民，而高收入国家的人们因为在祖国已经可以获得较高水平的生活所以对移民也很难提起兴趣。因此一般来说，中等收入水平的国家的人们是最向往移民的，因为他们既具备移民所必备的资金条件，又无法在祖国得到想要的生活水准。以移民至美国为例，移民的数量从人均收入超过3 000美元开始急速增加，达到10 000美元后又急速减少。由于这种情况用数据图来表示则是类似山峰的形状，故又称之为"移民峰"（migration hump）。

这样的移民劳动者们，一方面会给自己的祖国进行大量汇款，这对祖国的贫困缓解起到相当大的作用。但另一方面围绕着汇款也会出现诸多问题：例如国际汇款市场只被仅有的几家企业占有，故需要花费大量的汇款手续费等。因此为规避高额手续费，移民的人会频繁通过低手续费的地下经济进行汇款，由于其中的一部分资金可能会流向反社会团体，故被认定是一个重大问题。并且，通过地下经济流入发展中国家的外汇被认为是导致该国泡沫经济的重要原因。

而除汇款之外，围绕"移民对移民接受国经济产生的影响"，也出现了正反两方的观点。例如，有很多发达国家都接受了相当多数量的非熟练劳动力移民。这些国家反对移民的其中一个理由是移民对财政产生的不良影响。尤其是对非熟练劳动力来说，他们所缴纳的税金要比所消耗的公共服务费用低得多。但是在实证分析中显示，在控制收入水准后，移民的家人与非移民的家人相比并没有花费更多的社会保障费用。

移民遭到反对的另一理由是其对劳动市场的影响。移民的流入会使原本移民接受国的劳动者对未来工资的下降产生恐惧及担忧。理论上，移民的流入会导致过剩的劳动供给，从而会带来工资下降的压力。这种担忧也被实证研究证明是真实存在的。不过，从最近的实证分析来看，虽然移民接受国原本的劳动者们的工资确实下降了，但由于其幅度非常小，所以我们可以认为这种影响并无大碍。其中一个理由便是劳动市场中的生态共存：如果移民接受国的人们由于一些理由不想干的职业被移民们的就业所填补，那么对本来就迫切需要劳动者的岗位而言，人手不足的困扰就可以得到缓解。因此，国内其他职业的劳动者的工资并不会受到什么影响。举个现实中的例子，在澳大利亚像采摘水果等非熟练劳动力市场中，大量的移民缓解了原本该市场劳动力不足的窘迫之境，可以说这也是移民的好处之一。

尽管关于移民有很多担忧，但如上述所讲，移民也是有好处的。例如，包括日本在内的诸多发达国家中，大多都遭受着低生育率和老龄化问题的困扰。我们可以预言这样的国家今后会面对更加快速的老龄化进程，并且迄今为止以年轻人群的收入转移为基础的养老金制度在未来会越来越难以维持下去。因此考虑到发达国家出生率低下的现实情况，积极引入劳动力充沛的年轻移民人群可能会对养老金制度的维持起到一定的作用。

而关于移民对劳动者工资的影响，现有研究把非熟练劳动力与熟练劳动力分开进行分析后表明：非熟练劳动力的工资会略微下降，但另一方面熟练劳动力的工资会上涨。研究推测，具备一定技能的移民的流入，会给该国带来高度分工水平，并且移民所具备的高新技术也会对劳动生产率的提高产生积极影响。

第7章 ———— 贸易保护

A GUIDE TO INTERNATIONAL ECONOMICS

■ 主题：人们反对贸易保护的理由是什么？

本章将围绕"为什么贸易保护被认为是不好的"这一疑问进行探讨。那么为什么一般民众普遍都认为自由贸易是好的呢？我们将对自由贸易和贸易保护这两种观点进行比对思考，并以现实中贸易保护的常见政策——关税政策为例进行具体分析。关税的意义基本分为两个政策目标，分别是获得关税收入以及对本国产业的保护。然而，采取贸易保护的情形与自由贸易相比，社会整体福利会下降。

第1节 贸易保护会打破资源最优配置

在进入详细讨论之前先来简略说明一下大致的思考方式。试想日本对进口食品征收**关税**的情形。一旦征收关税，日本国内的食品价格就会上涨，食品与以前相比则变成了价值更高的一种商品。例如，到目前为止卖100日元的食品，在征收关税后价格变成了120日元。因此也导致了食品的生产会增加。也就是说在导入关税之前（自由贸易），本来已是最高效的食品生产水平由于征收关税的原因，食品进一步增产，**从而使得资源最优配置被打破**。自由贸易的好处是从各国生产具备比较优势商品时体现的，**但是导入关税后，日本的食品产业生产效率变低，生产量却增加了。因此导入关税与自由贸易相比，社会福利下降了。**

本节首先考虑小国的情况，对大国的讨论则在下一章进行介绍。此处小国的定义与前面章节提到的小国类似，即该国贸易量的调整不会对国际市场上商品价格产生任何影响。而大国则是指该国调整贸易量后，会对国际市场上的商品价格产生影响。如果以各位读者熟悉的微观经济学知识来类比说明的话，小国是价格接受者，大国则是价格垄断者。这两种定义的不同将在下一章进行具

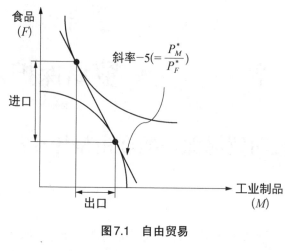

图7.1　自由贸易

体解释，现阶段的认识已足够支撑我们来进行分析。

接下来我们使用图7.1对小国情况进行分析。此处使用的是赫克歇尔－俄林模型，即两国两商品模型，这两种商品分别为工业制品与食品。假设某小国出口工业制品并进口食品，并用 M 和 F 分别表示工业制品和食品。因为贸易理论中存在国际价格和国内价格这两种价格，所以我们必须注意对这两种价格进行区分。设工业制品的国际价格为 $P_M^*=10$ 美元；食品的国际价格为 $P_F^*=5$ 美元。

以食品生产量为纵轴，工业制品生产量为横轴，且该小国出口工业制品进口食品，则自由贸易时的贸易模式如图7.1所示。此图中的直线同第2章的说明一样具两种含义：在生产者视角中是等价值线，而在消费者视角中是预算约束线。又因为等价值线与预算约束线的斜率相同，两条线会重合为同一条直线。

接下来，如果对食品征收关税的话会发生什么呢？我们假设征收10%的关税。在自由贸易时国内市场与国际市场具有相同的价格比，而征收关税后二者的价格比将变得不一致。国际市场的价格不会发生改变，依旧维持在 $P_M^*=10$ 美元、$P_F^*=5$ 美元的水平。但国内市场的价格由于征收关税会发生变化，即食品的价格上升至5.5美元（$=1.1P_F^*$）。

或许你会认为国内的食品生产者依旧会以5美元的价格进行出售，而只有进口商品会提升至5.5美元的价格水平。实际上，确实有可能发生上述猜想，所以在这里我们假定该模型中所有商品均是**同质商品**。如果价格水平为5.5美元的同质商品也可以被消费者接受，那么国内的商品生产者又会怎么想呢？即使价格上涨了也可以卖得出去，那么显然没有必要仍旧以低价进行销售了。因此不论是国产还是进口，只要是在国内出售的食品，都会趋于统一的价格水平。

此时食品的生产量增加（又或者说工业制品的生产量减少）。该过程我们用图7.2来进行理解。首先来考虑国内市场：生产者面对的等价值线如①所示。由于对食品征收了关税，所以此处的斜率与自由贸易时相比变缓。而使生产物价值最大化的生产物组合由等价值线与生产可能性曲线的切点 Q_t 决定。

另一方面，消费者面对的预算约束线如②所示，由于消费者在国内市场中面对的商品价格比与生产者面对的价格比相同，所以其斜率与等价值线相同。但预算约束线处于等价值线更外侧的位置（向外侧平行移动），这代表着更高的购买能力。与自由贸易不同，为什么会包含①和②两条直线呢？这是因为该模型还假定了

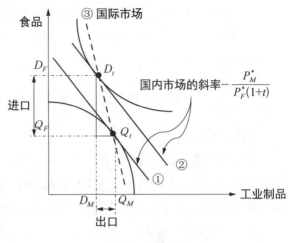

图7.2　征收关税

征收关税的收入将再分配至消费者身上，所以消费者效用最大化的消费量组合由预算约束线和无差异曲线的切点 D_t 决定。

我们用图7.2中的虚线③来说明国际市场。生产物组合 Q_t 和消费量组合 D_t 均位于该虚线上，而虚线③的斜率表示国际市场上商品的相对价格比。那么该虚线代表着什么呢？实际上，该虚线表示了出口赚来的钱全部用在了进口费用上，也就是说该模型中不会出现贸易逆差（贸易赤字）或者贸易顺差（贸易黑字），出口金额始终等于进口金额。虚线③被称作"出口金额＝进口金额的条件"（balance of payments condition）（具体请参照下面的补充说明）。实际上，在到目前为止对自由贸易的所有说明中都默认存在"出口金额＝进口金额"的这一假设。只不过之前的大部分说明都是基于国内市场价格比与国际市场价格比相同，即虚线③与等价值线和预算约束线的斜率相同，三条线均重合为一条线的情形，从结果上来看顺其自然地满足了上述的假设，故略去了说明。

补充说明：出口金额＝进口金额的条件

该条件用公式说明即为：

$$P_M^* \left(Q_M - D_M \right) = P_F^* \left(D_F - Q_F \right)$$

意为出口价格 × 出口量＝进口价格 × 进口量。其中" Q_M（工业制品的生产量）$- D_M$（工业制品的消费量）"为工业制品的出口量。将出口量乘以价格 P_M^* 即为出口工业制品的总价值（出口额）。类似的表达思路同样可以用在食品进口上。其中，D_F 为食品的消费量，Q_F 为食品的生产量。现在食品的消费量较多，那么差值

$\left(D_F - Q_F\right)$ 则相当于食品的进口量。再将其乘以价格 P_F^* 便可得到食品进口额。假设出口赚到的钱全部消费在进口上，即贸易逆差或者顺差均不存在。且由于此交易发生在国际市场中，所以进口价格不是 $1.1P_F^*$，而是 P_F^*。将上述公式变形后可得到

$$-\frac{P_M^*}{P_F^*} = \frac{Q_F - D_F}{Q_M - D_M}，$$ 且生产物组合 Q_t 和消费量组合 D_t 一定位于斜率为 $-\dfrac{P_M^*}{P_F^*}$ 的点线③上（如图7.2所示）。

最后我们将上述的两张图合二为一，即可同时比对自由贸易与征收关税这两种情况（如图7.3所示）。第一，关于自由贸易和贸易保护（导入关税）这两种政策，到底哪种更好呢？通过对比 D_T 点与 D_A 点的满足度就可以知道在自由贸易时的效用更高。因此自由贸易比贸易保护更好。第二，征收关税不仅会使进口减少，同时也会使出口减少，即贸易总量缩小。我们来比对下图中的三角形，自由贸易时贸易的三角形为 $\triangle O_A D_A Q_A$，征收关税后的贸易的三角形则为 $\triangle O_T D_T Q_T$。如图7.3所示，我们可以看到征收关税后三角形的面积变小了。虽然已经知道如果对进口食品征收关税会导致食品价格上涨，进口量减少，那么出口量为什么也会减少呢？这是由于对食品征收的关税会使国内食品价格上涨，那么在国内食品的总供给中会有更多食品来自国内的生产。所以国内的资源也会从工业制品生产转移到食品生产上，最终导致国内工业制品的生产也减少了（即工业制品出口减少）。像这样的贸易总量缩小，是无法享受到实行自由贸易时的好处的，所以导入关税会导致效用下降。

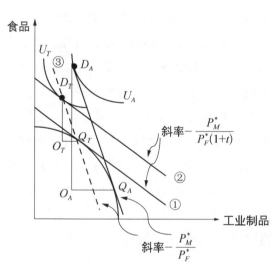

图7.3　自由贸易与征收关税的比较

小结

◆ **小国的关税效果**

两种商品：工业制品，食品

小国：出口工业制品，进口食品

国际市场：工业制品的价格=10美元，食品的价格=5美元

① 自由贸易

国际市场价格比与国内市场价格比相同。

② 导入关税

国际市场价格比与国内市场价格比不同。

对食品征收10%的关税。（国内市场食品价格由5美元变为5.5美元）

→国内市场食品相对价格上涨。

→国内食品产业总产量增加。

→另一方面，国内市场工业制品相对价格降低。

→国内工业制品产业总产量减少。

消费点与生产点位于国际市场价格比上。（因为出口赚到的钱全部用于进口）

结论

① 与自由贸易相比，征收关税会使社会福利下降（消费者）。

② 征收关税会使贸易总量（进出口同时）减少（生产者）。

第2节　关税与收入分配

我们从赫克歇尔-俄林模型中学到：一方面，在劳动要素充裕的外国与资本要素充裕的本国开始贸易后，外国的劳动者由于工资上涨将赞成贸易，而资本家们因资本租金率的降低而反对贸易。另一方面，本国的劳动者由于工资降低而反对贸易，资本家们因资本租金率上涨而赞成贸易。

此处我们来思考本国的政策。劳动者由于工资降低而反对贸易，并会通过劳动工会进行交涉。在完成游说活动后，政府会对进口商品（衣服）征收关税，那么该关税对在本国衣服产业工作的劳动者们会带来什么影响呢？

被征收关税的进口商品的价格，也就是劳动密集型商品的衣服的国内价格会如何变化呢？答案是上涨。那么当衣服价格上涨后，收入分配又会发生什么

变化呢？根据斯托尔帕-萨缪尔森定理我们可以得知，商品市场中的生产调整会影响到劳动市场，由于衣服价格上涨，所以会导致本国劳动者的工资上涨。因此，从工资的观点来分析对进口商品征收关税的现象，有可能是出于对本国劳动者收入支援的考虑。也就是说反对贸易的人们主张对进口商品加大征收关税的力度，是以斯托尔帕-萨缪尔森定理作为理论依据的。

如上述所示，关税的导入会使工资上涨。特别是关税政策的实行会使发达国家的衰退产业（例如劳动密集的衣服产业）得到保护，消费者也会从中得到一定的好处。

总结上述讨论，即从消费者视角来看贸易保护并不被寄予期望，因为它会打破资源最优配置，并使社会福利降低。但是在贸易保护中也存在得到好处的人，从收入分配上来看，有人会获利，也有人会受到损失。所以效率性的基准和收入分配的基准会带来不同的政策含义。

本节围绕贸易保护（征收关税）进行了介绍，但在标准的贸易理论模型中，无论是什么样的贸易保护政策，大家都更对自由贸易政策抱以更大的期望。也就是说本节说明的理由（贸易保护会打破资源最优配置）正如描述所说是合理的。不过众所周知的是，关税以外的政策（例如补助金政策），在收入分配方面可能会带来与关税政策不同的结果。

第3节　对现实中诸多政策的思考

1. 产业政策：出口鼓励政策和进口替代政策哪一个更有效？

进口替代政策是指原本依赖外国进口的国家也着重培养本国的相关产业，例如进口大量粮食的国家强化自己国家的农业。而出口鼓励政策则类似于使制造工业制品的产业高速成长，加大工业制品的出口力度。关于在二者间应该如何选择的问题不乏一些讨论。

那么两种政策并用难道不比只选择其中一种会来得更好吗？回想本章学习到的贸易模型，不想增加贸易赤字的小国为保护国内的产业会对进口商品征收关税（采取进口替代政策），这样不仅会导致进口减少，同样也会导致出口减少。因此从理论上讲只能选择其中一种政策。

但是，现实中可能会做到两种政策的同时推进，这又是为什么呢？理由是现实并不像模型中所假定的那样（进口额＝出口额），现实中一年的进口额和出口额并不会完全一致。

那现实中哪种政策更有效呢？从历史上看，采取进口替代政策的国家大都得不到有效的经济增长，所以一般来说进口替代政策是不受欢迎的。而且实际上在现实中对幼稚产业的保护政策很难起到相应的作用，比如发展中国家对电力等生产要素无法维持稳定的供给，以及熟练劳动力或优秀的经营管理人才的不足等。

那么出口鼓励政策又会如何呢？我们来观察一下现实中东亚经济的发展轨迹，采取出口鼓励政策的各国都实现了经济增长，因此我们可以猜测出口鼓励与经济增长二者之间存在较强的相关关系。只不过出口到底是不是实现经济增长的主要原因，现阶段我们还无法证明。不过考虑到发展中国家之间的现状，不如说，像是高储蓄率、高品质劳动者、急速上升的教育水平、高投资率等经济增长的国内因素，才更有可能是促成高速经济增长的原因。

2. 发展中国家批判关税升级的理由是什么？

通常根据进口商品的不同，关税率也会不同。像是商品的加工程度越高，征收的关税税率也越高的现象，被称作**关税升级**。例如，与进口汽车零件相比，进口完整汽车时所加关税更高。因为这样的关税构造对保护本国产业十分有效，所以在发达国家是常被使用的一种征收关税的方法。比如说美国政府若想保护本国汽车产业，就会对从日本进口的汽车征收高额关税，这导致被加了高关税的日本车在美国本土市场只能以较高价格出售，故在价格竞争中处于不利的地位。如果日本汽车公司想要继续在美国开展事业，就不得不在美国设立工厂，然后用从日本进口的汽车零件在当地进行生产，以达到削减费用的目的。这样一来，日本企业在美国当地的生产活动就会给美国劳动市场带来新的雇佣机会，这也是关税升级的好处之一。

但是，也存在着"发达国家对**加工度越高的产品实行越高关税**的政策不利于发展中国家的经济增长"这一反对意见，其理由又是什么呢？为了回答该问题，首先我们来考虑发展中国家的贸易形态。发展中国家通常主要出口咖啡或者砂糖这样的初级产品，那么为了赚取外汇的发展中国家想要增加自己的出口收入的话，应该采取何种办法呢？我们知道"出口收入＝价格 × 数量"，所以为了增加出口收入，可以采取：①提高产品单价，②增加出口量，③出口商品单价更高的高附加价值产品（例如精加工产品）这3种手段。不过从供需关系来看，初级产品的价格一般处于下降趋势，所以方法①与②的操作就很难实现，并且对于初级产品来说，将其加工成具有高附加价值的产品几乎是不可能的。因此在出口初级产品时，想要增加出口收入其实是非常困难的。

那么你可能会觉得只要大多数发展中国家将本国的产业升级成可以制作高附加价值产品的产业结构不就好了吗？但现实中由于发达国家的关税升级政策，发展中国家的产业构造转型是非常难的，发达国家对附加价值越高的商品征收的关税就越高。所以对发展中国家来说，即使能制造出高附加价值产品也很难增加自己的出口额。因此也存在着"关税升级阻碍了想要通过产业结构转型获得经济增长的发展中国家的利益"这一批判说法。

3. 保护主义的兴起

经济不景气时常会兴起贸易保护主义，本节将引用历史上的事例来说明该思想的核心和其对经济产生的影响。

世界贸易组织（WTO）在雷曼危机后表达了对贸易保护主义萌发的相关担忧。比如美国的《购买美国货法》（Buy American Act；公共设施建设要求使用美国产品）的实施，提升了对中国的出口退税率、对欧盟进口粮食征收关税、对欧盟出口乳制品恢复出口补助金制度、对印度钢铁制品提高关税和对日本魔芋等原料采取紧急进口限制等，即是保护主义在世界兴起的强有力证据。像这样的贸易保护主义举措的目的，通常是为了解决在经济不景气时发生的不容忽视的国内劳动雇佣问题。

古典的贸易理论认为，由于自由贸易可以改善消费者的社会福利，所以实施自由贸易是件好事。因此支持自由贸易的观点认为：应当通过产业调整过程使生产率相对较低的部门等规模缩小。但是大多数的人的身份并不单单只是消费者，同时他们也是劳动者。也就是说，他们是商品市场和要素市场两方的参与者。因此即使他们身为消费者享受到了自由贸易的好处，但如果因为自由贸易导致的失业使自己失去收入，则无法获得作为消费者的利益，最后反而遭受到损失。

古典的模型中假定市场通过价格调节机制达到均衡状态，也就是说虽然工资可能会下降，但是通过调整又会重新达到新的均衡从而不会发生失业，但其实现现实中价格调节机制发挥作用的过程非常久。由于价格具有易上升不易下降的特点，市场本身是无法马上达到均衡的，因此现实中是会发生长时间失业的。

经济不景气时各国政府都会为了确保国内劳动雇佣，从而采取类似作为紧急措施的保护主义政策，但是长时间维持贸易保护也会出现问题。比如历史上1930年世界恐慌的开端，各国都采取了提高关税的报复性措施，其结果也使得世界贸易规模整体缩小。此后因为东西卖不出去而陷入了更加严重的后果——经济萧条，并最终成为了第二次世界大战的诱因之一。在这样的历史背景下，自由贸易逐渐开始被人们所提倡。

第8章 —————— 大国的政策

A GUIDE TO INTERNATIONAL ECONOMICS

▌ 主题：贸易保护有什么好处？

本章将围绕**大国**的政策效果进行讨论，且整体的大前提是大国对贸易量的调整会波及国际市场的价格水平。为了分析大国对国际市场价格的影响，我们将引入"对外贸易条件"这一概念。**对外贸易条件**（terms of trade）的定义是：**某国最初出口的商品价格除以最初进口的商品价格**，即价格比。由于对外贸易条件的变化，购买力（预算制约）也会发生变化，其结果则是对国家整体的社会福利产生影响。

第1节　对外贸易条件

我们来试想一下以下的情形：最初某国出口衣服，进口食品。如图8.1所示，横轴代表衣服，而纵轴则代表食品，且图中包含了生产可能性曲线、等价值线和无差异曲线。此处等价值线的斜率即为价格比，该价格比是用衣服价格除以食品价格的值。如果国际市场决定的衣服价格为2美元，食品价格为3美元，最初的价格比即为2/3（①）。该价格比也就是刚刚介绍的对外贸易条件。

接下来我们假定衣服的价格从2美元上涨到6美元，对外贸易条件则会由2/3变为2。在对外贸易条件改变后，等价值线的斜率与之前相比会突然变陡（②）。

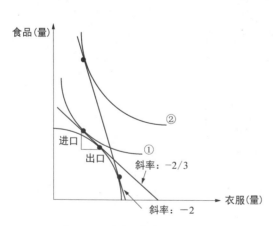

图8.1　对外贸易条件的变化

基于新的对外贸易条件，我们可以发现效用是在上升的，这是为什么呢？我们从该国的贸易模式来进行思考：由于该模型中通过出口赚到的钱会全部用于进口，因此在此例中，出口的衣服价格如果相对地变高，该国的购买力的强化也应该是非常明确的。因为此时即使该国出口与价格变动之前相同数目的衣服，多赚到的钱也可以用来进口更多的食品。简而言之，**出口商品的相对价格上升后，该国的购买力也会提高**，人们也会变得更加富有。这样的话能够进口的商品量也会增加，使得以前无法消费的消费量组合也变得可以被消费了，故消费者的效用上升。所以，该国出口商品的价格上升后，该出口国的社会福利是上升的；反之，该国的进口商品价格上涨后，会使该国的社会福利下降。

小结

对外贸易条件 =（出口商品的价格 / 进口商品的价格）

◆ **对外贸易条件变大**　　　　　→　改善该国社会福利。

　（例）　对外贸易条件↑（从 2/3　→　变为 6/3=2）的情形

◆ **为什么对外贸易条件变大会改善社会福利呢？**

　　　　　→因为出口商品的相对价格上升，该国购买力变强。

第2节　经济增长

我们来试想一下以下的情形，如果**出现了对衣服生产有利的技术革新，即发生了出口偏向型经济增长**，会带来什么样的经济效果呢？显而易见的是衣服的生产量肯定会增加，从而使得出口量也增加。当衣服的总供给变多后，国际市场上衣服的价格便会降低，所以对外贸易条件也会变小，从而导致该国社会福利下降。上面所描述的过程又称为**贫困化增长**。读到这里大家会对此作何感想呢？确实，贫困化增长的思考方式在理论上充满着趣味性，但实际上该理论却无法做到对现实进行强有力的说明（原因将在之后进行解释）。

接下来我们来考虑进口偏向型经济增长。假设中国与美国进行贸易，中国出口衣服、进口电脑，而美国出口电脑、进口衣服。此时中国如果拥有了对电脑生产有利的革新技术，那么中国与美国的社会福利分别会发生什么样的变化呢？首先中国一定会加大电脑生产，使得国际市场上的电脑供给增加，从而导致国际市场的电脑价格下降。这样也会让中国的对外贸易条件得到改善。因此，即使中国出口与之前相比同样数量的衣服，也可以进口到比以前数量更多的电脑（电脑价格变低了），所以中国的社会福利上升。

以上的例子中我们可以发现：如果发生出口偏向型经济增长，会使该国社会福利下降；反之如果发生进口偏向型经济增长，则该国的社会福利上升。**只不过在现实中的亚洲各国中，采取出口鼓励政策的国家占据了大多数，而采用进口鼓励政策的国家并不是很多**。所以以上的讨论虽然从理论上来看没什么问题，但也无法准确地对现实中的现象进行说明。

那么这些理论究竟缺乏了哪些思考呢？例如，在关于贫困化增长的讨论中，发生出口偏向型经济增长时，存在对"会使对外贸易条件恶化"这一缺点的指责，然而对经济增长的优点并没有明确表明。在分析现实问题中，我们必须兼顾对经济增长的好处以及对外贸易条件恶化的坏处这两个方面的思考，才可以在此之上分析该国社会福利的具体情况。

在加入关于"经济增长的好处及对外贸易条件恶化的坏处"的相关讨论后，图8.1会发生什么样的变化呢？实际上如果考虑到经济增长的好处，就必须加入对生产可能性曲线是否发生变化的判断。在上述条件中因为对衣服生产有利的经济增长的出现，如图8.2所示的那样，生产可能性曲线会发生向衣服生产方向凸出的移动。此处若不考虑对外贸易条件的恶化那么只会发生从①到②的变化。

接下来如果考虑到对外贸易条件恶化的坏处，那么图8.2又会发生什么变化呢？对外贸易条件恶化会导致等价值线的斜率变缓，而在无差异曲线上则体现在从②到③的移动。

最后我们来思考一下该国的社会福利会如何变化。我们先来对比无差异曲线的①与③，该图描绘了消费者满足度得到改善的

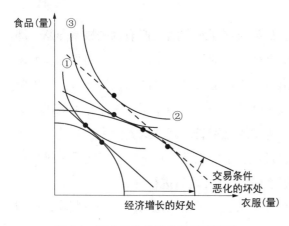

图8.2　不会发生贫困化增长的情形

情形。因此我们可以得知：**如果经济增长带来的好处要比对外贸易条件恶化带来的坏处大的话，那么一国的社会福利就可以得到改善**。以上的讨论即是抛开贫困化增长理论，而只基于现实进行的讨论。

小结

贫困化增长

（例）　若发生出口偏向型（例如衣服）的经济增长会带来什么结果？

　　　　　→作为劳动密集型商品的衣服生产量↑

　　　　　→衣服出口量↑

　　　　　→国际市场衣服价格↓

　　　　　→对外贸易条件↓

　　　　　→社会福利↓

该理论真的对吗？

通常现实中不会发生贫困化增长。

如果经济增长的好处大于对外贸易条件恶化的坏处，那么会改善社会福利。

现在我们来回想在前一章学到的罗伯津斯基定理，该定理表明当某国接收移民时，该国的社会福利将会得到改善。那么本章的讨论与罗伯津斯基定理之间的区别是什么呢？首先，这两种理论均是通过对资源量增加（技术进步／移民流入）的分析来讨论对生产能力增强而产生的经济效果。只不过本章在讨论经济增长所带来的经济效果时，不仅考虑了生产能力的变化（增长效果：生产可能性曲线的部分移动），还考虑了由于产量和供给的增加，而对价格决定产生的影响（对外贸易条件的变化）。

罗伯津斯基定理与经济增长理论的主要区别是：存在国际市场价格比不变的假设（如图8.3所示），换句话说就是将

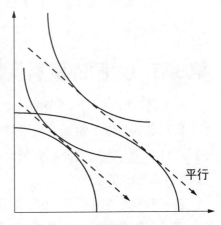

平行

图8.3　罗伯津斯基定理的情形

对外贸易条件设为定值，从而完全不考虑对外贸易条件所产生的影响。那么究竟哪一种理论更有说服力呢？一方面，可以调整生产量，但无法改变对外贸易条件的大小，也就意味着该国对国际市场没有影响力，这一条件符合现实中市场占有率极低的**小国**的情形。另一方面，当市场占有率极高的国家进行贸易量调整时，显然会对国际市场的价格变化产生冲击，在贸易理论中把这样的国家称作**大国**。

小结

经济增长的效果

小国

只考虑增长效果 ＋ 对外贸易条件一定

罗伯津斯基定理

移民流入 → 社会福利改善

大国

成长效果 ＋ 对外贸易条件变化

经济增长的好处 ＞ 对外贸易条件恶化的坏处

→ 社会福利改善

经济增长的好处 ＜ 对外贸易条件恶化的坏处

→ 贫困化增长

第3节　大国的贸易保护政策

本节将对第1节与第2节的讨论进行统合，来对大国的贸易保护政策进行思考。我们来试想以下情形：美国与中国进行贸易，美国出口衣服，进口食品；中国进口衣服，出口食品。如果此时身为大国的美国对食品的进口征收关税，会产生什么样的结果呢？

首先来考虑美国市场。由于对食品征收关税会使美国市场上食品价格上涨，换句话说会使得衣服的价格相对地下降。衣服相对价格下降后，美国国内的衣服供给会发生什么变化呢？对生产者来说由于衣服价格下降，衣服的生产就变得缺乏吸引力，衣服产业则会进行减产。然后如果从美国消费者的观点出发又会得出什么结论呢？由于食品价格变高所以导致食品的消费减少，消费者们则会更倾向于购买相对价格下降的衣服。也就是说美国国内市场中衣服的供给减少，而对衣服的需求反而增加。

那么国际市场又是什么情况呢？由于国际市场供给衣服的生产量减少，导致衣服的价格上涨；但从美国的消费趋势来看，国际市场上对衣服的需求量反而增加，由于需求增加，又会导致衣服的价格上涨。如此一来，不论是从供给还是需求哪个方面来看，都会导致国际市场衣服的相对价格上升（换句话说即导致国际市场食品的相对价格下降）。因此出口衣服的美国其对外贸易条件也会得到改善。

由于是对食品征收关税，所以可能会有人对"国际市场上食品的相对价格下降"这种现象感到奇怪。但希望大家能够注意到美国国内市场相对价格与国际市场相对价格的区别，这两处的价格是不同的。在征收关税时，国内市场的相对价格与国际市场的相对价格会发生偏离。而只有国际市场的相对价格才被称作对外贸易条件，国内市场的相对价格与对外贸易条件无关。

通过到目前为止的讨论我们可以得到什么结论呢？关税的导入会对美国国内的相对价格产生影响，所以会使美国的生产与消费模式发生转变。这样的转变会进而影响到国际市场上的供求关系，对外贸易条件也会随之发生变化。而美国则由于关税政策的导入使得对外贸易条件变大，并最终改善了社会福利，而中国的对外贸易条件（被动地）恶化。**也就是说大国采取关税政策会牺牲贸易对象国的利益，从而达到改变本国对外贸易条件**并提高本国社会福利的效果。

那么小国的贸易保护政策与大国的贸易保护政策之间的区别是什么呢？如果是大国的情况，由于贸易保护政策会对国际市场产生影响，所以必须要考虑到对外贸易条件的变化；而小国的情况下，贸易保护政策并不会对国际市场的价格造成影响，从而不需要分析对外贸易条件的变化过程。

最后我们来总结一下大国的政策效果。大国征收关税后，由于国内的资源最优配置被打破，导致社会福利下降，这一点与小国的情况是一致的。只不过大国的情况是可能会通过对外贸易条件的变化，从而提高社会福利。也就是说，分析大国征收关税后的结果时，必须要同时考虑到正的效果与负的效果，并通过对二者的比对才能得到最终结果。

所以大国为了使关税政策对本国产生最有利的结果，读者们可能会想到：如果征收的关税税率可以满足一定条件，从而在结果上恰好可以维持福利提高的状态那该多好。实际上这种考量被称作最适关税论。顺便一提，低关税水平的情况下，由对外贸易条件变化带来的好处比资源最优配置被打破而招致的损失要多。

那么各位读者们对该理论有何感受呢？事实上，最适关税论在理论层面上的确很有趣，但在现实中其实是很难实现的。这是由于满足大国条件的国家其实十分稀少，绝大部分的国家都很难对国际市场发挥影响力。其次，大国关税政策会导致其他国家受到损失，所以在现实中如果一些国家确实采取了导致他国牺牲的关税政策，那该国将不得不面临政治上的批判。

第4节　资金援助对资金提供国产生的不良影响

最后介绍的是关于对外贸易条件的应用问题。我们来试想发达国家对发展中国家采取资金援助的情形，例如美国向越南进行收入转移。依旧与前例一样只生产衣服和食品这两种商品。美国出口衣服，从越南进口食物；而越南出口食物，从美国进口衣服。假设发生美国人比越南人支出相对更多的收入来购买衣服的情况。比如美国人和越南人都有100美元，那么美国人可能会花80美元买衣服，花20美元买食物；而越南人则会花30美元买衣服，花70美元买食物。这时，如果从美国向越南发生了收入转移的话，那么这两个国家的社会福利分别会发生何种变化呢？

首先我们能想到美国的所得会减少。并且由于所得减少，不论是对衣服还是食品的支出都会下降，只不过衣服产业与食品产业受到影响的程度是不同的。由于美国人对衣服的支出所占总消费的比例相对较大，因此衣服产业会比食品产业受到更大的影响，也就是说市场对衣服的需求会大大减少。这样的话衣服的相对价格也会减少，对外贸易条件会发生恶化。因此在从美国向越南发生收入转移的情况下，美国的社会福利会降低。

此处希望读者能够注意的是，美国社会福利的下降分为两个方面：其一是由于美国对外进行资金援助，总所得减少，社会福利降低；其二是由于对外贸易条件恶化所导致的社会福利降低。

　　总而言之，关于收入转移我们需要掌握以下的知识：收入转移会使资金提供国的对外贸易条件变小。但前提是，资金提供国与资金接受国相比，其所出口的产品具有更高的边际消费倾向。

第9章 —— 产业内的贸易和政策

■ 主题：相似国家之间进行贸易有什么好处？

第1节　新贸易理论

本节将介绍的内容是：围绕相似国家间的贸易模式进行说明的"新贸易理论"。目前为止所学习过的贸易理论都是将重点放在了国家间的差异上。例如李嘉图模型是以各个国家的技术能力差异来讨论的，而赫克歇尔-俄林模型则是以国家间**要素禀赋**差异展开的。这些模型讨论的是：国家之间存在的技术能力差异，可以通过贸易使各国扬长避短。虽然将重点放在国家间差异上的贸易论并不是错误的，但在现实中，由于发达国家的生产要素禀赋量以及技术能力都比较相似，且发达国家的贸易会存在相同种类商品的交易，所以在考虑占据大部分贸易量的发达国家之间的贸易模式时，这些理论就不太合适了。比如，我们以日本和欧洲的贸易为例来进行思考。一方面，日本生产本田和丰田等汽车并出口至欧洲，另一方面欧洲也会生产大众和宝马等品牌的汽车并出口给日本。像这样同产业内的贸易被称为产业内贸易，如果用我们之前学习过的贸易理论（产业间贸易：类似于出口服装、进口电脑这类的产业之间的贸易）则无法很好地解释其中的理由。

我们把可以很好地解释产业内贸易的理论称为"新贸易理论"。20世纪80年代所展开的新贸易理论向之前所学到的贸易理论的结构中加入了产业组织理论这个部分。因此，与完全竞争为前提的古典派贸易研究相比，新贸易理论所讨论的范围更大，因为其不仅仅考虑完全竞争市场，也考虑到了不完全竞争市场的情况。

在开始详细的讨论之前，我们首先对新贸易理论的关键词"规模经济"

这一概念进行简单的复习。以商品生产时所使用的资本和劳动这两个生产要素为例。如果将资本和劳动的投入量同时变为原来的两倍时，商品的生产量也变为原来两倍的情况被称为规模收益不变（Constant returns to scale）。与之相对的，当劳动和资本变为原来的两倍时，如果商品的生产量变为了原来的两倍以上的情况则被称为规模收益递增（Increasing returns to scale）。像在生产过程中需要一定初期投资的汽车产业那样，存在着越扩大生产规模，生产量也越大的情况。

小结

规模经济

- 规模收益递增：
  投入的劳动和资本变为原来的两倍时，生产量会变为原来的两倍以上的情况。

- 规模收益一定：
  投入的劳动和资本变为原来的两倍时，生产量变为原来的两倍的情况。

① 外部规模经济（产业的规模）：生产率随着产业规模的增长而提高，通常假设一个由许多公司组成的完全竞争市场。

② 内部规模经济（企业的规模）：生产率随着一家企业的生产规模的增加而提高，假设由于大企业存在而产生的不完全竞争市场。

接下来我们通过解决下面的例题，来对新贸易理论进行思考。假设，日本和美国两国在市场规模、消费者的偏好、生产技术的水准上都相同的情况下的汽车（本田或福特）的生产技术如表9.1所示。

表9.1 各国的生产技术

本田或福特的生产量（辆）	生产所需的劳动量（人）
1	6
2	10

续　表

本田或福特的生产量（辆）	生产所需的劳动量（人）
3	12
4	14
5	16
6	18
7	20

　　各国都有20名劳动者，而消费者都消费同样数量的本田或福特汽车（例如两个品牌的汽车都各购买3辆等情况）。

　　首先，这个状态是属于"规模收益一定"还是属于"规模收益递增"呢？这个例子中只考虑了劳动这一种生产要素的情况。根据表9.1，6名劳动者可以生产1辆汽车。但12名劳动者就可以生产3辆汽车。所以当劳动投入量变为两倍时，生产量变为了原来的两倍以上，由此可知这是一个规模收益递增的例子。

　　接着我们来讨论当两个国家之间不存在贸易时（封闭经济），会各生产多少单位的本田和福特汽车呢？如果两个国家各有20名劳动者，将这些劳动者平均分配去生产本田或福特汽车，那么每种车的劳动者数就是10人（因为消费者偏好于消费同样数量的两种车）。所以，两种品牌的汽车在两个国家都只会生产2辆。

　　那么这个时候，日本生产哪种品牌的车会具有比较优势呢？答案是：都不具有。因为日本从技术上与美国相比，无论生产哪种品牌的汽车都没有任何优势，所以也就不具有"比较优势"。

　　现在我们开始讨论两国之间存在贸易（即开放经济）的情况。日本完全专业化去生产本田汽车，美国则是全部生产福特汽车，那么在这样的情况下日本可以生产多少辆本田汽车呢？当日本将全部的20名劳动者都投入本田汽车的生产时，总共可以生产7辆。类似的美国也将20名劳动者都投入福特汽车的生产时，总共可以生产7辆。

　　如果在国际市场中，1辆本田汽车可以交换1辆福特汽车，那么与封闭经济相比哪个国家更能享受到由贸易带来的利益呢？答案是两个国家都可以享受到。我们通过对比封闭经济与开放经济的两种情况可以得知，两个国家在进行贸易后，汽车的消费量都由原来的2辆变为了3.5辆（表9.2）。虽然由于汽车不可分割的特性，消费3.5辆汽车是不现实的，但我们也可以知道汽车的消费量得到了提升。

表9.2 各国的消费量

	贸 易 前		贸 易 后	
	本 田	福 特	本 田	福 特
日本	2	2	3.5	3.5
美国	2	2	3.5	3.5

那么如果日本完全专业化生产福特汽车的话，也是相同的答案吗？是的，结果是不变的。假设日本将20名劳动者全部投入生产福特汽车，总共能生产7辆。同样地，美国可以生产7辆本田汽车。当在国际市场中，一辆本田汽车可以与一辆福特汽车进行交换时，两国在贸易后各品牌汽车的消费量都由2辆增加到了3.5辆，所以两个国家都可以享受到贸易所带来的利益。

希望大家可以从这个例子中学到规模经济所带来的好处。也希望大家可以理解，比起封闭经济，开放经济（即存在贸易）的状态会更好。虽然这个结论也恰好与李嘉图模型和赫克歇尔-俄林模型所得出的结论相同，但是理由却不尽相同。这个例子说明了，由于生产过程是规模收益递增的，所以比起一个国家分别对两种类型的商品进行生产，效率更高的方法是去专门进行一种类型商品的生产，然后用生产出来的商品去与另一种商品交换，最后消费。因为比起分别生产多种商品，专门生产一种商品时，可以更加有效地利用有限的劳动力（生产要素），从而获得更大的生产量。在大量生产后，通过与别的国家进行贸易（即交换商品），也可以得到比分别生产多种商品时更多的消费量。

细心的读者可能会产生"这不是与李嘉图模型之间没有区别吗"的疑问。但是这个例子中，完全专业化生产的优势是与李嘉图模型存在差异的。李嘉图模型是依据比较优势去判断应该完全专业化生产哪种类型的商品，而这个例子中生产的完全专业化是由规模经济产生的。因此，就算两国的技术水平相同，完全专业化生产的优势仍然存在，并且不管是对哪种商品（本田汽车或者是福特汽车）进行完全专业化生产，结果都是不变的。而李嘉图模型则只是选择处于比较优势的商品进行完全专业化生产，希望读者们能理解这二者的差异。由于在这个模型中不管选择对哪种商品进行完全专业化生产其结果都不会改变，而对于某种商品的完全专业化生产这一结果只能解释为是由历史的偶然因素决定的。

那么在新贸易理论下的收入分配是什么样的呢？在赫克歇尔-俄林模型中要素禀赋决定了贸易模式。若资源要素充裕的国家进行自由贸易，资本家可以更加享受到贸易带来的好处，相反劳动者则处于不利的一方。那么在新贸易理论中也可以这样解释吗？此时我们只需要对贸易模式进行考虑就可以得到答案。赫克歇尔-俄林模型是基于要素禀赋来判断对哪种商品进行完全专业化生产；而就像之前所提到的本田汽车和福特汽车的例子那样，新贸易理论并没有在事前就明确地知道会对哪种商品进行完全专业化生产。所以无法提前预知谁会在贸易中得到利益（收入分配上处于有利地位）。

第2节　幼稚产业保护

在本节将对"保护贸易的好处（即可以保护将来预期会成长的产业）"这一观点进行介绍。李嘉图模型和赫克歇尔-俄林模型展示了自由贸易的好处，但是由于这些模型都没有考虑到规模经济，所以政策的含义可能会和之前的讨论有所差异。

在上一节所讨论的福特汽车和本田汽车的问题中，对于日本这样的国家来说，如果增加某一个时间点上的生产量，就会产生规模经济的效果，从而使得生产更加效率化。假设就像对汽车的生产那样，在大工厂中更倾向于大量生产同类型的汽车。如此一来，汽车的平均成本就会降低。

接下来我们引入时间的概念来进行更进一步的讨论。加入了时间概念后，就存在一个叫作"学习效应"的概念。这是指通过在生产活动中不断地试错，逐渐掌握更加高效的生产模式。学习效应一般都是在工厂规模和生产方法不能改变的长期条件下进行考虑的。

上一节的讨论主要是说明了在某一时间点增加生产量的重要性，本节要讨论的学习效应则是说明了长时间持续生产的重要性。通过持续长时间的生产，可以找到更加效率的生产方法，并对生产技术进行革新。这样随着时间流逝平均成本也会慢慢降低。

接下来以日本和韩国的半导体产业为例进行考虑。假设日本的半导体生产先于韩国，而目前韩国尚未涉足这一产业。这样来看，日本生产半导体比韩国更加高效。基于比较优势的思考模式的话，韩国靠着输入日本生产的半导体就可以享受到贸易的好处。但是当我们考虑了学习效应之后，对于韩国来说继续进行自由贸易并不一定是好事。我们假设韩国的学习效应非常高（即虽然韩国现在半导体产业处于劣势，但是在政府的保护下进行生产的话，韩国半导体产业的平均成本会急速地下降）的情况。

在这里我们考虑现在和将来两个时间点。现在，韩国半导体的生产费用很高，那么韩国不进行半导体的生产才是效率的。即从生产效率更高的日本进口半导体才是最适合的政策。但是未来可不一定是这样的。如果韩国的学习速度比日本的学习速度更快，那么数十年之后，韩国可能就变成了可以以更低的成本进行半导体生产的国家。所以考虑到未来可能会发生的情况，现在韩国还是应该继续进行半导体的生产。也就是说如果现在这个时间点韩国由于半导体生产费用高而放弃了半导体产业，从长远来看则可能会承受更大的损失。因此虽然现在不得不忍受高额的生产成本，但是将来成本可能会变得极低，那么综合来说未来的收益很可能大于现在的损失。这种情况下，采取贸易保护的政策就十分有意义。因为如果对未来具有成长性但现在处于起步阶段的产业（幼稚产业）进行保护，然后等这些产业成长，如此来看在长期上贸易保护确实带来了好处。这样的思考模式被称为幼稚产业保护理论。

第3节 集群的利益

第1节中学习了内部的规模经济（企业的规模）。本节会围绕外部的规模经济（产业的规模）来进行学习。

像现实中的硅谷这样，同产业的大量企业聚集在同一个地方是因为什么呢？若同产业内大量企业聚集的话，我们认为其可以进行更加效率的生产。这种想法被称为**外部的规模**经济。外部的规模经济的关键词就是产业的规模。因为某个产业的规模越大的话，就能进行更高效率的生产。

那么**产业集群的好处**是什么呢？第一点就是零件的供给效果。假设生产电脑零件的企业大量聚集的话，由于存在大量的零件供应商互相竞争，就可以更加容易地购买到低成本电脑零件了。第二点是劳动市场效果。大量的企业聚集在同一地区，就会使劳动者也聚集到这一地区，因此也就可以更加方便地雇用到高技术能力的劳动者。第三点是技术的波及效果。新技术以及新想法可以通过同产业但不同公司的人相互接触而产生并传播。在一个地区如果聚集了大量企业，企业之间可以进行便捷的技术交流，这也更增加了企业的技术发展和技术革新的可能性。

以上的三点说明了产业集群实现高效生产的可能原因，即从企业的观点来论述了产业集群的优势。而另一方面，产业集群也给劳动者带来了好处。因为如果没有好处的话，劳动者也不会选择移居到产业集群地区。那么给劳动者带来的好处又是什么呢？

我们来思考以下的例子：假设存在两家企业，分别是企业 A 和企业 B。企业 A 是大企业，企业 B 是小企业。

（例1）

企业 A 和企业 B 分别将企业设立在不同的地域，两地分别有劳动者200人。企业 A 想要招募300人，企业 B 想要招募100人。那么在这两个地区的劳动市场分别会发生什么呢？即企业 A 所在地会面临100人的劳动力不足，而企业 B 所在的区域会存在100人失业。这样两家企业设立在不同地区的情况下，就会产生劳动力需求和供给的不匹配。

（例2）

假设企业 A 和企业 B 设立在同一个地区，即发生了产业集群，这个地区存在400个劳动者。这时候企业 A 想要招募300人，企业 B 想要招募100人的话，两家企业都可以顺利满足自己的用工需求。而像例1中的需求与供给不匹配的情况在例2中不再存在，即没有劳动者面临失业。

这个简单的例子说明产业集群不论是对企业还是劳动者来说都存在好处。从企业方面看，企业更容易雇用劳动者，而对于劳动者来说则是减少了自身的失业风险，并且也更加容易跳槽等。当然产业集群也存在缺点：比如容易引起交通拥堵，反倒造成了生产率的降低。

第10章 —— 战略性贸易理论：政府间的交涉

■ 主题：本国的最优贸易政策会随着贸易对象国贸易政策的变化而变化吗？

本章将介绍引入了博弈论知识的"战略性贸易理论"。它和目前为止我们学过的李嘉图模型和赫克歇尔-俄林模型之间最大的区别是：事先预想他国可能会采取的政策，并以此为基础来制定本国的政策。

关于战略的思考方式，或许以企业为例会更加易于理解。例如，我们假设本田汽车在市场中处于垄断地位，那么此时本田公司为了达成自己利益的最大化，即生产多少辆汽车最合适这问题只需要他自己去抉择就可以了。但实际上在现实中还存在着像丰田汽车和日产汽车这样的竞争对手，而根据竞争对手的生产战略不同，本田汽车也会改变自己的最优生产量。

除此之外，日常生活中最易于理解的例子就是猜拳了。"无论对方出什么，石头永远是最优策略"这种说法显然是不正确的。因为根据对手不同的出拳选择，自己最优策略也会随之改变。

因此国家在制定政策的时候也是同样的道理。战略性贸易理论引入了他国战略的考量，也就是根据他国选择的不同战略，本国的最优行动也会因其改变。这即是我们学习战略性贸易理论的重点。

小结

例）猜拳的最优策略

对方出"石头"→ 自己出"布"

> 　　　　对方出"剪刀"→　自己出"石头"
> 　　　　对方出"布"　→　自己出"剪刀"
>
> 考虑自己的最优策略时，要从对方出什么开始进行分析。

第1节　纳什均衡

　　首先我们来讨论一个简单例子。试想美国和加拿大两国进行贸易。两个国家都可以选择采取自由贸易或保护贸易这两种不同的贸易政策。而两国也都会因对方采取的政策不同，而改变本国贸易政策。

　　由于两个国家各存在两个选择，所以一共会导致4种不同的结果。第一种结果是美国和加拿大两国都采取自由贸易的政策；第二种则是美国和加拿大都采取保护贸易的政策；第三种是美国选择自由贸易政策，加拿大选择保护贸易政策；第四种则是美国选择保护贸易政策，加拿大选择自由贸易政策。而根据这4种不同的结果，最终两国所能获得的利益也不一样。

　　接下来我们来思考以下的例子（图10.1）。如果两国都选择了自由贸易，那么美国和加拿大的利益都是3亿美元；而如果美国选择自由贸易，加拿大选保护贸易时，美国将得不到利益，加拿大将得到5亿美元的利益；同理如果加拿大选自由贸易，美国选保护贸易的话，美国将获得保护贸易好处的5亿美元，而加拿大什么利益都得不到；最后一种情形是，两者都选保护贸易，那么美国和加拿大都只能各自获得1亿美元的利益。

加拿大

美国＼加拿大	自由贸易	保护贸易
自由贸易	3, 3	0, 5
保护贸易	5, 0	1, 1

美国

图 10.1　美国与加拿大的支付矩阵

　　将4种结果总结到上图的表中。每个方格中左边的数字表示美国的利得，右边表示加拿大的利得。那么此时对两个国家来说最优策略究竟是选择保护贸易还是自由贸易呢？

首先我们来考虑美国的最优政策。美国的最优政策会因加拿大政策的变化而变化。因此不得不在两种情形的前提条件下分别进行考虑（加拿大选择自由贸易的情形和加拿大选择保护贸易的情形），即所有思考的出发点均来自对手的选择。

若加拿大选择了自由贸易，美国选择自由贸易会更有利吗？还是说美国选择保护贸易会更有利呢？此时我们只需要比较美国的利得大小：3（自由贸易）和5（保护贸易），就可以判断出当加拿大选择了自由贸易时，美国选择保护贸易会获得最大的利益。

同理，若加拿大选择了保护贸易，美国也会选择保护贸易。这是因为对美国来说，此时选保护贸易存在1的利得，而选择自由贸易的话利得将会是0，所以美国一定会选择利得更大的保护贸易。

上述的思考方式也同样适用于加拿大对最优策略的选择。若美国选自由贸易，则加拿大选保护贸易。原因是在此前提下加拿大选保护贸易会得到5的利得，比选自由贸易时3的利得更大。

另外，若美国选了保护贸易，加拿大也会选保护贸易。原因是在此前提下加拿大选保护贸易会得到1的利得，比选自由贸易时0的利得更大。

像这样两个国家各自对最优政策进行选择时，最终的结果是两个国家都会选择保护贸易。这种处于均衡状态的结果又被称为**纳什均衡**。在经济学中存在各种各样的均衡概念，其中对大家来讲最熟悉的莫过于在供求理论中，需求曲线和供给曲线交点处是市场均衡这一概念，而此时也会得到均衡价格和均衡数量。总之只要说到对"均衡"的印象，大家都会有一种很稳定的感觉，而此处的纳什均衡也可以用类似的感觉去理解。再详细地进行解释的话，即如果在均衡状态下，某国改选了其他的政策，那么此国的利得并不会有所增加（或者说可能会下降）。

例如，美国的均衡状态是选择了保护贸易（美国利得1亿美元）。那为什么说美国很难改变自己的选择去实行自由贸易呢？事实上若美国此时改选为自由贸易，那美国的利得则会下降至0。所以此时美国并没有改变自己政策的动机。同理，加拿大现在也选择了保护贸易，若加拿大也改选为自由贸易，则它的利得也会下降至0，所以加拿大改变政策也并没有好处。因此，即使改变自己的战略也无法从中获得好处。

此例中，美国也好，加拿大也好，最终都会选择保护贸易，各国的利得也都只有1亿美元。那么大家怎么看待这一结果呢？是觉得可以接受还是觉得存在违和感呢？如果认真分析上表的话可能会对自由贸易为何不是均衡这一问题而心存疑虑，因为如果美国和加拿大都选自由贸易，那这两个国家的利得不是都会上涨吗？接下来我们将介绍一些自由贸易不是最优政策的原因。

假设两国目前都选择了自由贸易政策，如果转换为保护贸易政策，各国都存在利得增加的可能性。确实两国都选自由贸易时利得均为3亿美元，但是如果此时加拿大转换为保护贸易的政策，则其利得会从3亿美元上涨至5亿美元，因此加拿大并没有坚持自由贸易的理由。像这样，对已知加拿大会根据自己政策而做出改变的美国来说，与其固执地坚持选择自由贸易，倒不如选择保护贸易的情形会使自己得到更高的利得。因此从最终结果上来看，两国都会选保护贸易，并且均满足于稍低的利得。

但此分析需要注意的前提是，两个国家是同时决定自己的政策的，并且在决定政策时并不确定对方将如何选择。也就是说我们只简单地考虑不存在合谋的情况。而如果是其他更复杂的情形，那么结果则可能会发生变化（进阶的学习请通过博弈论进行）。

第2节　反应曲线

接下来将该简单博弈模型进行扩展，来讨论稍微复杂的战略性贸易理论。至此为止，我们只考虑了自由贸易和保护贸易这两种可能的政策选项，若出现更多其他选项时上述的选择方式是否还正确呢？例如，两个国家在主要出口产品的出口产量上存在2吨、3吨、4吨、5吨和6吨这五个选择，而根据各自的选择，两国的利得也会不同。此时应该如何找出纳什均衡呢？大家可能会想到用上例中的支付矩阵来解决该问题。但如果此时将生产量的选项从几吨拓展到1 000吨甚至10 000吨时，还可以使用支付矩阵的方法吗？

存在大量选项（战略的数量）时，图像是更便捷的分析道具。例如大家熟知的需求曲线，可以用来表示无数的价格与数量的组合。当价格为1 000美元时，需求量是5；价格为999美元时，需求量是6；价格为300美元时，需求量增至10；等等。也就是说无数个点连成线段，而通过线段，我们便可得知当存在无数个选项（战略）时应该如何去进行分析。

为表述无数个最优策略，我们引入**反应曲线**（reaction curve）这一概念。假设存在美国和日本的汽车产业在国际市场上进行竞争的情况。当美国产出50辆汽车时，日本产出多少辆合适呢？当美国产出30辆时、300辆时，日本又该如何行动呢？而表示这些不同的最优产量组合的概念即是反应曲线。

此处我们应用古诺模型来对战略性贸易理论进行扩展。古诺模型简而言之就是战略的选项为**生产量**。比如，进行贸易的美国和日本的利得，会根据美国产出的汽车生产量和日本产出的汽车生产量而发生变化。此时各国为了最大化自己的利得，只需要考虑生产多少辆汽车即可。

图10.2绘制了日本的反应曲线。横轴是日本的生产量，纵轴是美国的生产量。该图表示了假如美国产出50辆汽车时，日本产出5辆汽车就可以使日本的利得最大化；当美国产出40辆汽车时，日本产出10辆汽车就可以使其利得最大化；当美国产出10辆汽车时，日本产出50辆汽车时其利得为最大化。因此，对应无数个美国的战略，日本可以获得最大利得的最优策略集合的连线，即反应曲线。

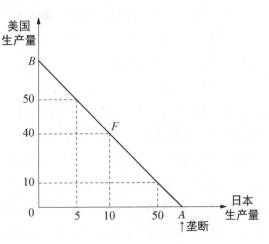

图10.2 日本的反应曲线

顺便提及点A的情况是：国际市场上美国的汽车生产量是0，只有日本汽车在市场上流通，日本垄断汽车市场。

图10.3所绘制的美国的反应曲线也是同样的道理。比如日本产出30辆汽车，美国也生产30辆汽车，像这样美国根据日本的汽车产出量来调整自己的最优策略。那么表现为美国生产多少辆汽车会使自己利得最大化的线，即为反应曲线。

那么，此处的例子中，美国和日本各自该生产多少汽车呢？换句话说，此时的纳什均衡在哪里呢？其实纳什均衡就在两条反应曲线的交点处，这是为什么呢？原因是纳什均衡处各国都不会改变自己的生产量，也就是说此时如果改变生产量，利得也将变低。

如图10.2所示，我们来对比A点和F点，在哪个点处日本的利得更高呢？直

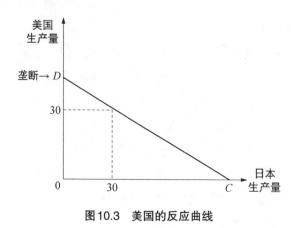

图10.3　美国的反应曲线

观感受是垄断状态下（美国的生产量0，此时市场被日本所垄断）日本的利得最大。即随着反应曲线上的点向垄断状态移动的过程中，日本的利得也会越来越高。反之，对美国来讲，图10.3的点D是美国的垄断状态（日本的生产量为0），故随着反应曲线上的点向D点靠近时，美国的利得越来越大。即对两国来说最理想的状态都是垄断市场的情况。

只不过两国处于竞争状态时，由于不得不考虑对手的生产量，所以垄断市场的生产量并不是最优策略。若美国选择了垄断市场时的生产量，那么汽车在市场上的供给量就会过少，并被日本夺去市场份额。

接下来我们将确认为什么从纳什均衡状态下改变战略，利得会下降。如图10.4所示，纳什均衡为点E，我们来比较一下点E与点G。那么对日本来说并非点E，而是越接近垄断状态的点G越应该会获得更高的利得不是吗？

那么为什么点G不是纳什均衡呢？假设日本以点G为目标生产50辆车。此处要注意的是当美国生产10辆车时，日本生产50辆车才会使日本的利得最大化。但遗憾的是此时美国并没有生产10辆车的动机。观察美国的反应曲线，日本在生产50辆车时，美国为最大化自己的利得会生产20辆车。像这样，对应在图上即为沿着箭头从点G开始向美国反应曲线上的点H进行移动。

另外，若美国选择了生产20辆汽车，日本的最优策略为40辆汽车而非50辆。但两国生产量的对应关系并不止于此，如果日本产出40辆汽车，那么美国又会变更生产量至30辆车。

如此一来，两国通过不断改变战略以达到最优，那么不论从何处的战略开始讨论，最终都会收束至两国反应曲线的交点处。该过程即由图10.4中箭头方向所表示。箭头在日本和美国反应曲

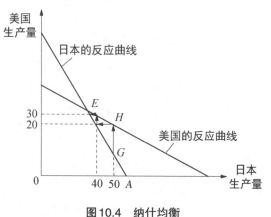

图10.4　纳什均衡

线中反复移动，最终由到达点E终结移动过程。也就是说两条反应曲线交点处的纳什均衡以外的所有点都无法促使企业进行生产。

第3节　关税的效果

如果向以上的讨论中导入贸易理论又会发生什么呢？比如如果日本向从美国进口来的产品征收关税，那么美国的反应曲线会产生什么样的变化？

日本对美国征收关税时，会发生图10.5中①的情况，即美国的反应曲线向下移动。与之前相比，关税的存在会使美国花费更多成本，因此美国在出口时利得会下降，美国的生产量即出口量也会减少。比如当初日本生产30辆汽车时，美国是该生产50辆的。但在此处即使日本继续生产30辆汽车，

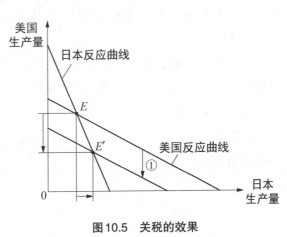

图10.5　关税的效果

美国也会因为出口量减少从而使反应曲线下移。从结果上来看，导入关税后均衡点将从点E移动至点E'。

如果比较自由贸易状态下的均衡点E和导入关税后均衡点E'，我们会发现什么不同呢？日本对美国产品征收关税时两国的好处又会发生什么变化呢？我们先来看看日本的具体情况。均衡从点E移到点E'时，对日本来说更加趋近于垄断状态，所以日本会得到利得增加的好处。反之，美国产出量向垄断状态的反方向移动，也就是说市场缩小，利得下降，因此美国没有得到好处。由于这是日本对美国征收关税的情况，所以出现这个结果也是理所当然的。

本章的模型说明了保护贸易的好处。与之前章节中强调自由贸易好处的古典贸易模型相比，我们得到了完全相反的结论。

那么自由贸易和保护贸易到底谁更好呢？读到这里大家可能已经注意到，这并不是一个可以简单说明的问题。即根据不同经济体立场（消费者、熟练劳动力、非熟练劳动力、资本家、出口企业、进口企业）的不同，优缺点也都会发生变化。例如本章的模型如果严格来讲的话，是假定了产出物不在国内出售，

并且全部都只向本国以外的国家进行出口的情形。也就是说，各国的利得等于汽车产业的利润，所以各国会对产出物的产出量进行战略性的调整，并以使本国利得最大化作为战略基准。

像这样的方法论，只有在国家的主要产业为出口产业，且以出口为中心的两个国家发生竞争时，才有可能被看作是妥当的分析方式。

最后请感兴趣的读者们思考一个应用问题。在本章使用的所有图中，实际上日本的反应曲线要比美国的反应曲线的斜率更陡峭。如果两条反应曲线的斜率出现相反的情况（即美国的反应曲线比日本的反应曲线更陡峭）时，又会发生什么呢？

简单的回答是，在斜率相反的情形下，会因为一些复杂的原因导致无论哪个国家为了达到最优策略而进行战略调整时，都不会返回均衡点，故无法得到最优策略的制定思路。也就是说，偏离均衡后并不会收束到新的均衡点，而是处于发散状态。所以一般教科书上的图片都是以战略调整后收束至均衡的斜率为基础进行绘制的。

第11章 ——— 企业的异质性

A GUIDE TO INTERNATIONAL ECONOMICS

■ 主题：对外贸易企业与非对外贸易企业的区别是什么？

本章考虑在同一产业中的企业具有异质性的情况。这里的讨论是第9章我们学习过的新贸易理论的延续。实际上新贸易理论并没有考虑产业内的企业间差异，而是将这些企业全部视作了相同的企业，即进行了企业同质化的假设。本章会在改变这个假设的前提下进行讨论。

第1节 生产率与企业活动

新贸易理论将规模经济与垄断竞争相结合，将其加入了传统贸易理论中，这一点是具有划时代意义的。并且，新贸易理论的关键词之一是"商品的种类"。消费者想要消费各种各样的商品时（比如即使只是很少量的水果，人们比起单独只吃苹果，其实更愿意消费多种水果的组合，例如橘子加上葡萄），且规模经济发挥作用的话，在这时新贸易理论可以体现出贸易的好处。

但是，从20世纪90年代使用企业层面数据的实证研究来看，在新贸易理论的框架下对有些问题并不能很好地进行解释。例如，克鲁格曼的新贸易理论中，没有考虑到企业的异质性，而是对企业进行了同质化处理。实际上，即使是在一个产业中，企业之间也是存在巨大差异的。本章的主要讨论点即是引入这些企业的异质性后，再去进行关于贸易的讨论。例如从几乎不进行贸易而只在本国内进行生产活动的企业，到进行贸易的企业，再到在国外设立子公司的跨国公司，我们将围绕这些同产业内各种各样的企业存在的理由进行探究。

本节会介绍梅里兹模型的理论。梅里兹（2003）主要关注了对外贸易企业与非对外贸易企业（只对国内市场进行商品供给的企业）之间存在着怎样的差异，并从这一点开始进行研究。

在进行理论说明之前，我们先要对现实中一个产业内的对外贸易企业的性质进行掌握。首先并非所有企业都是进行对外贸易的，其实对外贸易企业往往只占产业内的一小部分。并且，进行对外贸易的企业一般都具有相对较大的规模，比起非对外贸易企业通常也具有更高的生产率。除此之外，对外贸易企业是会长时间保持对外贸易的，并非是今年进行对外贸易，而明年就不再继续，然后后年再开启这样的情况。那么为什么对外贸易企业要一直保持对外贸易状态呢？首先对外贸易要有一定的投资。因此，一旦进行了这样大的投资之后，就具有了持续对外贸易的倾向。最后，对外贸易企业还是会将自身的大部分产品放在国内市场进行销售，而对外贸易只占其营收的一部分。对外贸易企业并非对全部商品都进行出口，而是在国内和国外两个市场都进行商品的销售。

为了解释现实中的情况，请先考虑以下的模型。首先，某个产业在垄断竞争中生产具有差别化的商品。

然后假设有一家对自身生产率并不了解的企业想要参与这个产业。我们来举一个容易理解的关于科学研究与试验发展（R&D）例子。为了制作具有差别化的商品，R&D是必需的。但是进行R&D的结果是否成功就不得而知了。如果成功的话可以达成更高的生产率，但如果失败的话就只能达到较低的生产率。考虑到这种情况，我们可以进行模拟抽签来决定得到高的生产率还是低的生产率，从而将R&D成功与否进行理论化。企业只有在预期到利润有可能超过投资费用时才会参与到这个产业中。

我们接着将讨论转移到与"成本"相关的点上。关于企业不得不进行负担的成本我们进行以下假设。第一，如果企业要想在产业中留存，就必须支付生产所必需的固定成本；第二，如果企业要出口一部分生产物，就要支付出口所需要的固定成本；第三，进行出口时会产生可变成本。可变成本是比如运送费、保险费和关税等。

在以上的基础上，企业活动根据生产率被分为了三种类别。① 生产率低的企业；② 生产率处于中游的企业；③ 生产率高的企业。首先，生产率低的企业会退出产业。其次，生产率处于中游的企业会成为非贸易企业，只进行国内的生产销售活动。最后，生产率高的企业会在海外市场以及国内市场同时进行商品的供给。

生产率越高的企业，越可以负担起出口所需要的固定成本以及可变成本。同时，通过出口，即使产生额外的费用也可盈利。这是非常直观且容易理解的结论。

第2节 贸易自由化的效果

接下来我们继续用梅里兹模型来对贸易自由化进行思考。当贸易自由化时，出口所需要的可变成本就下降了。这时，一个产业中的企业构成又会有怎样的变化呢？

将梅里兹模型与传统贸易模型进行对比的话，我们可以清楚地知道它的实用性。根据赫克歇尔-俄林模型，贸易自由化是会在产业间（例如，服装产业与电脑产业这两种不同的产业）进行资源的再分配。并且，赫克歇尔-俄林模型所假设的生产物都是同质化的，并不存在差别化的商品。这样就使得赫克歇尔-俄林模型并不能很好地揭示现实中的情况。在大多数情况下，资源的再分配并不是只存在于产业间，还会存在于同一产业内。

根据近年来使用的企业层面数据的实证研究来看，我们发现：① 由于贸易自由化，在同一产业内，市场占有率逐渐从生产率低的企业转移到了生产率高的企业；② 生产率低的企业会逐渐退出其所在产业。

梅里兹模型很好地说明了由贸易自由化所带来的某一产业内企业构成的变化。如果由于贸易自由化使得出口时所需要的费用下降的话，那么那些进行出口的企业（生产率高的企业）就会享受到贸易自由化带来的好处并可以提高自身利益。与之相对，将国内市场作为目标的非出口企业则会处于不利的状况：① 生产率低的非出口企业会退出该产业；② 市场占有率会从那些只以国内市场为目标的低生产率企业转移至高生产率的出口型企业手中。

那么，我们来看看什么样的人在贸易中得到了利益呢？

传统的贸易理论中假设了劳动者的情况为完全雇佣且同质的。由于在生产要素市场中可以调整工资水准，所以在同一产业中的劳动者的工资都是相同的。但是，现实中的劳动市场距离完全雇佣还有很远的距离。如果我们观察实际数据的话，会发现相同素质的劳动者之间会有相当大的工资水平差距。那么这样的工资（收入）差距要怎么进行说明呢？赫克歇尔-俄林模型是无法对同产业内的工资差距进行准确解释的。

但在引入了企业异质性的模型中，就可以对这样的工资差距进行很好的说明了。关于这个问题存在着众多的解释，现在将介绍其中的一种。假设企业在进行招聘时并不了解什么样的劳动者对自身来说是最适合的，所以企业不得不出钱对劳动者进行调查。而在进行这样的甄别时，企业间的差距就显现出来了。生产率高的企业可以在甄别中投入更多的资金，且资金投入越多，找到与自身企业相契合的员工的机会就越大。因此也会给这些优秀的员工发放更高的工资。所以就会出现生产率越高的企业往往工资报酬越高的现象，这又被称作"企业规模间工资溢价"（Size-Wage premium）。

基于这种思考方式，出口企业会比非出口企业给出更高的工资。这是由于在梅里兹模型中，生产率高的企业会进行更多的出口活动。引入了这样的企业异质性之后，就可以对同一产业的工资差距问题进行说明了。

最后，我们对企业从贸易中获得利益的不同原因进行思考。一方面，在新贸易理论中，因为存在差别化的商品，故消费者可以通过消费不同类别的商品从而获得满足感。另一方面，梅里兹模型中则是通过资源再分配来达成效率性，特别是企业之间的再分配。由于企业之间存在异质性（生产率的差异）而导致的资源（资本和劳动）再分配，是从生产率低的企业转移到生产率高的企业。当竞争变激烈时，生产率低的企业往往承受不住竞争的压力而选择退出。并且由于全球化导致的市场扩大，所有企业均会面临追加投资的费用，而能够负担这些追加投资的往往是那些生产率高的企业。如此一来扩大生产就会在生产率高的企业那里集中起来，而产业的效率也相应得到了改善。

除了关于同一个产业内部的讨论，也存在对于同一个企业内部的生产率的讨论。当贸易渐渐变得活跃时，市场会扩大。这样的结果促使了企业进行技术革新，从而使得生产率上升。

小结

◆ **在贸易自由化中得到利益的是出口企业**

① 生产率低的非出口企业会选择退出。

② 市场占有率会从以国内市场为对象的非出口企业转移到出口企业。

根据①+②，可以得出这个产业的平均生产率上升了。

◆ **应用梅里兹模型对同一产业中的工资差距进行说明**

出口企业比非出口企业给出更高的工资。

因为，出口企业是大规模且具有更高生产率的企业。

他们在选择员工时可以花费更多的资金对员工进行甄别。

最后这些企业可以获得更适合自身公司的员工。

第3节 海外直接投资

赫尔普曼·梅里兹·耶普尔模型

我们通过导入海外直接投资，来进一步扩大到现在为止的讨论（海外直接投资的例子：日本的丰田公司在美国建设工厂的情况）。在存在出口企业的情况下，为什么会有企业选择通过海外直接投资来向海外市场供给自身的产品呢？

本节基于**赫尔普曼·梅里兹·耶普尔模型**，对这两种企业的差异进行讨论。究竟是选择进行出口还是进行海外直接投资，这个问题是与企业的利润以及生产率相关的。首先，企业会按照生产率被分为三类。第一类：只对国内市场进行供给的企业；第二类：进行出口的企业；第三类：进行海外直接投资的企业。除此之外，该模型还设有以下假定：① 海外直接投资的固定成本比出口的固定成本更大；② 出口会产生各种各样的可变成本，但海外直接投资不会产生此类费用。

那么，根据生产率和利润的关系，我们可以绘制出图11.1。由于考虑了以上三类的企业，所以使用了三根线来代表这些企业的利润。这三根线分别表示：进行国内销售时的利润；进行出口时的利润；进行海外直接投资时的利润。在纵轴上，利润线的截距长度代表了固定成本。例如，因为海外直接投资的固定成本是最高的，所以负的水准（0s）也是最长的。然后，进行出口时的固定成本为第二高（0x），最后国内销售的固定费用最低（0d）。接下来我们观察这些利润线的斜率。海外直接投资利润线的斜率，比起出口利润线更大。这代表了没有可变成本的海外直接投资可以达成每单位生产量更高的利润。

我们可以看到图像被划分为了四个领域。首先，生产率在点D之下的企业

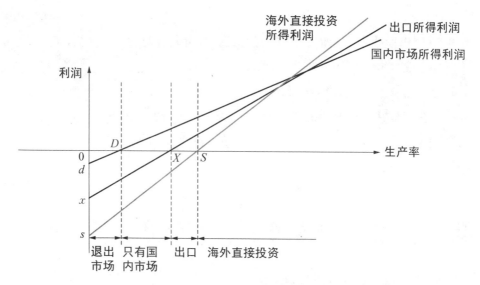

图11.1 基于赫尔普曼·梅里兹·耶普尔模型分析不同的企业

利润为负,他们会从市场中退出。其次,就算是在点 D 右侧,低生产率的企业也只能对国内市场进行产品供给。再次,比前一种企业生产率稍高(位置在点 X 右侧)的企业可以通过出口在海外市场获得利润。最后,处于更高生产率领域(位置在点 S 右侧)的企业,可以通过海外直接投资获得比出口更高的利润。也正因如此,这些企业会选择海外直接投资而不是出口。

根据赫尔普曼·梅里兹·耶普尔模型得到的结论是直观的,并且与各类数据都不矛盾。例如,已发现美国从事出口行业的企业的平均劳动生产率比只在美国国内进行商业活动的企业的平均劳动生产率更高。

小结

企业(生产率)	市 场
生产率非常低的企业	退出
生产率低的企业	只针对国内市场
生产率处于中游的企业	会进行海外出口
高生产率的企业	海外直接投资

临近与集中的权衡

对于海外直接投资也有持不同观点的理论。这种思考方式是从"进入外国接近当地市场展开商业活动更好呢""还是将生产集中在本国国内更好呢"这两个选择来进行考虑的。其中临近（Proximity）代表了海外直接投资，集中（Concentration）代表了出口，被称为临近集中权衡效应（The Promixity-concentration tradeoff）。

根据这一理论，海外直接投资的主要动机是进入外国市场。因此，如果海外直接投资增加的话就会减少出口（由于进行了海外直接投资开始了在当地的生产活动，海外投资可以被看作是代替了出口）。这个讨论中最重要的一点是市场规模（与利润的关系）。因为对外国进行直接投资的目的就是进入该国市场，所以我们也可知该国市场的规模非常重要。

这个理论假定：① 海外子公司活动所需的固定成本比出口所需的固定成本更大。若以在外国进行新工厂的建设并进行生产活动为前提来进行考虑的话，该假设是非常合理的。② 海外子公司的销售活动比出口可以获得更大的利润。为什么要这样假定呢？第一，处在离市场更近的地方可以获得对销售更有利的情报。第二，进行出口的时候，会有诸如运输成本以及关税等的可变成本。与之相对，海外直接投资并不会产生这些成本。

图 11.2 中，纵轴和横轴分别代表了利润和市场规模。首先，当市场规模为 O 时，海外直接投资产生的利润为负（OS）。这是由于海外直接投资存在固定成本所导致。第二，海外直接投资的利润线的斜率比出口的更大。这表示了子公司的销售比起出口可以创造更多的利润。

观察图 11.2 可以发现：① 如果外国市场规模大于两利润线的交点 Y 时，海外直接投资得到的利润更大。② 如果海外直接投资所需的固定成本变大（线段 OS 变长）的话，除非市场规模变得比以前大，否则难以产生利润。这样的话，对企业来说海外直接投资就变得不利了。如图所示，固定成本变大（=线段 OS 变

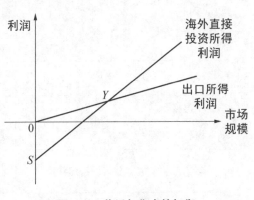

图 11.2　临近与集中的权衡

长）的话，相当于海外直接投资的利润线向下平移。这导致了海外直接投资的利润线和出口的利润线交点 Y 向右侧移动了。若没有更大的市场规模的话，比起海外直接投资，企业将会选择进行出口。③ 若接受直接投资的外国的费用（例如工资）变高，海外直接投资的利润线的斜率会变小。这是由于工资上升导致了利润下降。同样，如果本国的劳动者的工资上升了的话，出口的利润线的斜率也会变小。

根据这个理论我们可以得出的结论是：① 当外国市场规模变得越来越大时，海外直接投资会增加（海外直接投资会变得有利）。② 如果海外直接投资的固定成本变得越来越高的话，海外直接投资会减少（出口变得更加有利）。③ 如果出口所需的可变成本变得越来越高的话，海外直接投资也会增加。虽然这些结论很容易理解，但由于理论中并没有考虑到同产业内企业的异质性而被批判。

小结

这里我们对新贸易理论的相关讨论进行简单的总结。首先，克鲁格曼模型中重要的点是各种各样的商品（差别化商品），消费者消费更多种商品时自身效用（满足度）也会上升。由于规模经济的作用，生产会集中于一个地区，若在这之后再进行贸易的话，从贸易中得到的利益也会增加。对克鲁格曼模型进行了补充的是梅里兹模型。梅里兹模型除了考虑了各种商品之外，还导入了企业的异质性这一特点，从而对出口企业与非出口企业的差异进行了分析。梅里兹模型再进一步发展后就是赫尔普曼·梅里兹·耶普尔模型。在这个模型中除了上述的多种商品和企业的异质性以外，对一部分生产活动在外国进行的情况（海外直接投资）也进行了分析。这三者是连续且逐步展开的。

模　　型	关　键　词
克鲁格曼模型	多种类的商品
梅里兹模型	多种类商品＆企业的异质性
赫尔普曼·梅里兹·耶普尔模型	多种类商品＆企业的异质性＆部分生产在外国进行

第12章 —— 跨国公司内部贸易与国际税收战

A GUIDE TO INTERNATIONAL ECONOMICS

■ **主题：跨国公司逃避缴纳法人税是事实吗？**

　　本章的话题是跨国企业纳税（由企业内贸易导致的国际资金移动）。关于跨国企业存在着各种各样的政策问题，其中在现实中常被认为是重要实务问题之一的则是"跨国企业能否完成合法的纳税行动"。接下来我们将会围绕该问题进行讨论。

　　此处有两个重点。一个是税收逃避的机制；另一个则是如何对前者进行限制的政策协调。跨国企业会如何制定税收逃避的手段呢？围绕该问题我们需要对企业行动进行分析。之后，针对跨国企业的税收逃避问题，会产生什么样的后果？又该如何对其进行限制？我们接下来也会对这两个问题进行探讨。最后，由于以一国为中心的跨国企业纳税限制会引发多国间的国际税收战问题，而国际税收战会导致企业的国际竞争力下降，并产生阻碍国际商业行动的发展的不利情况。对此，本章将介绍国际间政策协调的必要性。

第1节　税收逃避机制

　　大家是否了解世界各国的法人所得税（简称法人税，对法人的利润征收的税金）税率是多少呢？法人税率基本因国家规定而各有不同，并且差异巨大。比如发达国家的税率基本上在30%左右。大多数的发展中国家与发达国家相比，税率的设定会相对较低。因此我们可能会想到，不同国家之间的税率差异或多或少会对企业的行动产生某种程度的影响。而跨国企业则是从这汇率差中下功夫来进行税收逃避行为。而在各种税收逃避行为中，最常见的一种便是被称作**转让定价**（Transfer Pricing，TP）的税收逃避行为。

我们从简单的企业理论开始进行思考。虽然企业有多种多样的目的，但跨国企业的基本目的则是微观经济学中经常提到的利润最大化。由于本章的主要分析对象跨国企业有一定的特点，我们并不像对一般企业那样也对其进行定义。所以我们将跨国企业的目的定义为：所属同一集团内的公司均以全球利润最大化为目标。

那么跨国企业进行跨境交易行为的基本过程是什么样的呢？为了便于理解，我将以本田汽车为例进行说明。假设本田汽车在日本和美国进行商业活动。本田的母公司（或主要工厂）设置在日本，母公司主要进行引擎、自动控制系统的设计及汽车主要配件的生产活动。母公司的产品主要以中间生产物的形式出口至位于美国的本田子公司。接收到出口中间生产物的子公司，会将中间生产物与在美国调配的部件进行汽车组装活动，并产出完整的汽车，作为最终生产物的汽车会在美国国内市场中进行流通和销售。上述的一系列活动完成后，母公司与子公司都会产生利益，所以美国税收部门会对子公司的利润征税，而日本税收部门会对母公司的利润征税。

接下来我们引入数值对企业的税收逃避机制进行说明。假设美国的法人税率为10%，日本的法人税率为50%。虽然日本的母公司只产出中间生产物，但如果在日本本土生产一辆完整汽车所需要的费用是10 000美元。另外，在美国卖出一辆汽车的价格是20 000美元。为了使讨论更加简单直白，我们假设子公

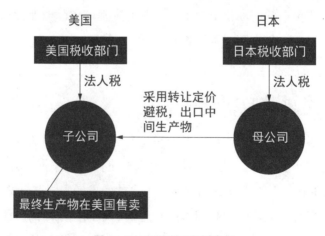

图12.1 跨国公司内部贸易

司除了对中间生产物的进口需要消耗费用以外，不存在任何其他的费用。当然，就算假定子公司存在其他费用倒也无妨，此处的简化并不会影响到讨论的核心内容，只是为了读者更加方便理解转让定价这一税收逃避机制。

那么此时应该如何提高本田的利润呢？传统的思路是增加产量或者改变价格。但接下来我们将考虑除此之外的办法。本章的讨论虽然不会涉及生产量或价格的变化，但我们的目标仍旧是削减成本。而削减成本的方法之一就是减少企业的税负。

我们来比较以下两种情形。

情形1：母公司以15 000美元的价格向子公司销售中间生产物。而像这样在同一跨国公司集团内，母公司向子公司出售商品时，该商品标示的价格即为转让定价。因此，此处的转让定价是15 000美元。

这时卖出一台汽车的利润有多少呢？我们先看看日本母公司的情况。纳税前的利润是用中间生产物的销售价格15 000美元减去成本的10 000美元，即5 000美元。然后日本所需纳税的金额则是5 000美元的50%，即2 500美元。所以日本纳税后的实际利润即为5 000−2 500=2 500美元。

我们以同样流程来分析美国子公司的情况。子公司以20 000美元卖出一台车。其中需要支付15 000美元中间生产物的费用，所以其纳税前的利润是卖车所得20 000美元减去成本的15 000美元，即5 000美元。然后美国所需的纳税金额是5 000美元的10%，即500美元。所以美国纳税后的实际利润是5 000−500=4 500美元。

本田集团的税后总利润则是美国和日本实际利润的总和，即2 500+4 500=7 000美元。

若以此利润水平为基准，我们还有什么增加利润的办法呢？

情形2：假设转让定价（中间生产物的销售价格）为11 000美元。这样一来日本母公司的税前利润便为1 000美元（出口价格11 000美元减去成本价格10 000美元）。日本所需支付的税金为税前利润的50%，即500美元。所以此时日本母公司的税后利润则为前两者差额的500美元（税前利润1 000美元减去纳税金额500美元）。类似地，美国的税前利润为9 000美元（汽车卖价20 000美元减去成本价格11 000美元），其所需纳税金额为其10%的900美元。所以此时美国的税后利润为前两者差额的8 100美元（税前利润9 000美元减去纳税金额900美元）。而此时本田集团的税后总利润则是日本实际利润500美元加上美国实际利润8 100美元，也就是8 600美元。

我们来比较一下以上两种情形。情形2中本田集团的税后总利润很明显是增加了的，那么这是因为什么呢？现在我们来比较一下两国的法人税率。日本的法人税率为50%，而美国的法人税率为10%，显然，日本的法人税率非常高。因此，对同时在日本和美国进行商业活动的本田来说，应尽可能地将收入的一部分转移至税率较低的美国，从而实现减少集团整体所要缴纳的税金。由于此时集团整体的必要成本减少了，所以利润也就随之增多了。

表 12.1　转让定价的操作与其与利润的关系

情形1（美元）		情形2（美元）
15 000	转让定价	11 000
5 000	在日本的税前利润	1 000
2 500	在日本所需缴纳的法人税	500
2 500	在日本的税后利润	500
5 000	在美国的税前利润	9 000
500	在美国所需缴纳的法人税	900
4 500	在美国的税后利润	8 100
7 000	本田集团税后总利润	8 600

那么如何具体将收入的一部分从高税率的日本转移至低税率的美国呢？答案是通过转让定价的操作即可达成。通过上述的数值例，将转让定价从15 000美元降低至11 000美元后，收入的一部分就可以流向税率更低的美国。从结果上也带来了增加集团全体利润的好处。

还不是很清楚的读者请比较一下两种情形下在美国的税前利润，我们可以得知美国的税前利润增加了（5 000美元＜9 000美元）。反之，再来比较两种情形下在日本的税前利润，可以发现日本的税前利润减少了（5 000美元＞1 000美元）。

通过上述的过程，跨国企业可以利用转让定价的操作将集团内一部分的收入，从高税率国家转移至低税率国家，从而使集团整体所需缴纳的税金减少，最终通过税负的减少完成成本削减，从而提升集团整体的利益。

现在我们已经完成了对转让定价这一税收逃避行为模式的理解。若企业的目标是达成集团整体的利润最大化，那么转让定价可以说是一种通常的行为。但实际上该模型中会出现各种各样的经济主体，首先是跨国企业本田集团，其次还有美国税收部门和日本税收部门。那么面对企业的转让定价操作，税收部门又会做出何种反应呢？在上述的例子中，与本田集团同样收获利益的还有美国税收部门。因为美国税收部门的征税额从500美元上涨到了900美元。但是对日本税收部门来说就是相反的状况了，本应收取的税金从2 500美元降低到了500美元。像这样转让定价的操作会导致一些国家获利，也会使一些国家利益受损。

对税收部门来说，确保纳税金不流失则是最重要的政策目标，税收降低则是他们最不想发生的事情。如果企业可以自由地进行转让定价操作，那么对税收部门来说无疑会增加大量无法维持税收的不确定性风险。所以企业的转让定价操作必将受到税收部门的限制。

第2节 国际税收政策

由于税收部门必须确保税收的安定性，所以导致转让定价被法律所限制。除此之外，也有一些限制转让定价的正当理由。那这些理由到底是什么呢？

在具体进行介绍之前，我们再添加一个市场经济体：国内企业。这是因为跨国企业毕竟还是少数，而大多数都是只在本国国内进行商业活动的企业。

我们从国内企业与跨国企业两者间区别的考量出发，来思考税收部门限制转让定价的正当理由是什么吧。那么先来比较国内企业和跨国企业的情形。

情形1：跨国企业通过转让定价的操作，将收入的一部分转移至法人税率更低的国家，从而增加税后总利润。

情形2：进行国际交易的国内企业面临什么情况呢？例如美国的国内企业从日本企业进口中间生产物（部件），将这些部件与在美国国内调配的其他部件共同组装成最终产品，并出售该最终产品至美国市场。

在情形2下，从日本公司购买中间生产物的国内企业，并不是日本关联公司。除了这一点之外，其他经济活动与本田集团的活动（情形1）基本一致。但是国内企业无法像跨国企业那样通过转让定价而使税后利润得到增加。

为何情形2做不到转让定价呢？我们来回忆一下本田集团的例子。为了增加集团整体的利益，通过降低日本母公司利润来提升美国子公司的利润。即通过将在日本的收入转移至美国，完成税负的减少。而这一过程必须要牺牲其中一家公司的利益才能实现集团整体利益的增加。若相同的操作在情形2下进行的话，日本的公司必须要牺牲自己的利润。然而由于日本公司与该国内企业毫无关联，所以并不会与国内企业进行协作。

比较以上两个情形我们能发现什么呢？此处的关键词是**公平**。跨国企业通过转让定价可以使税负减轻，但国内企业无法做到这一点。也就是说，即使赚取了同样的税前利润，国内企业和跨国企业各自支付的税金也大有不同。因此如果默许了转让定价的操作，从税负的角度来讲是十分不公平的，为了纳税的公平（或者说出于保护国内企业的政治背景），转让定价的操作必须被限制。

具体该进行何种限制呢？请试着对图12.2进行思考。该例是围绕美国和墨西哥之间的交易而设定的。位于墨西哥的母公司向美国子公司出售中间生产物。其中母公司制作中间生产物的成本是100美元。墨西哥法人税率为10%，美国法人税率为30%（全部是假定税率，与现实中税率无关），并且母公司在卖出中间生产物的转让定价是190美元。

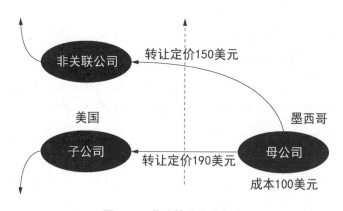

图12.2　非法转让定价行为

此处转让定价的190美元是否合理呢？该企业是否存在违法的转让定价行为？我们又该如何进行判断呢？

为了回答以上问题，我们必须先要弄清楚"合理的价格"的定义到底是什么。作为提示，我们已经提到过限制转让定价的理由之一是出于企业税负的公平性考量。如果墨西哥的母公司把相同的中间生产物（部件）以150美元的价格出售给位于美国的非关联公司，那么此时该跨国企业会被认定为存在违法（可能性很高）的转让定价行为。为什么这么说呢？因为市场价格本为150美元的部件，却在集团内以190美元的高价进行交易。这种行为通过设定过高的转让定价，从而完成将一部分收入转移至法人税率较低的国家，因此我们判断此行为是违法转让定价行为。而"合理的价格"并非集团内的交易价格，而是市场决定的价格，该价格又被称为企业间独立价格（arm's length price）。

但是实际上想找出企业间独立价格具体是多少，是一件非常困难的事情。像上例中，把同样的商品销售给子公司和非关联公司的情形在现实中是几乎不存在的。因此有以下两种方法：① 从市场的交易中，找到类似的交易（比较可能的交易），并通过这些交易来计算合理的价格，用以限制转让定价；② 不计算合理价格，而是提倡将跨国企业的集团总利润在国家之间合理进行分配的方法。

第3节　国际税收战的应对措施

本节将介绍国际间的政策协调方法。

例如跨国企业本田集团，在日本和美国进行国际间交易活动。日本的本田母公司制作汽车核心配件（中间生产物），并将其出口至美国子公司。子公司则是将各种配件进行组装，并生产出最终产品汽车，以每辆200万日元的价格在美国市场上出售。日本母公司生产该核心配件必要的成本是100万日元，且日本法人税率为50%，美国法人税率为40%。

我们来考虑以下两种情形。

情形1：转让定价为110万日元。美国税收部门和日本税收部门均认定该价格的设定是合适的。此时日本母公司的税前利润是110−100=10万日元，美国子公司的税前利润是200−110=90万日元，本田集团税前总利润是二者之和，即100万日元。日本要支付的法人税是税前利润的50%，即10×50%=5万日元；美国要支付的法人税是税前利润的40%，即90×40%=36万日元。所以本田集团税后总利润是10+90−5−36=59万日元。

简单进行总结即是：在100万日元的利润中，90万日元是来自美国，10万日元来自日本；在两国各自的利润中，美国交了利润40%的税，日本交了利润50%的税（情形1）。

情形2：日本税收部门认为110万日元不是合理的转让定价，并主张130万日元才是合理的。美国依旧如情形1一样，认同110万日元是合理的转让定价。那么如果只有日本税收部门采取不同的转让定价时，会出现什么样的问题呢？

对本田集团来说，其设置的转让定价并未发生改变，因此母公司的税前利润和子公司的税前利润都不会发生变化，并且在美国需要上缴的法人税额也不变。

但是，在日本的纳税金额会发生变化。因为日本税收部门会用其所认定的转让定价130万日元与母公司成本的100万日元来计算母公司应当缴纳的税金，即通过税前利润30万日元（130−100=30万日元）来进行计算。所以在日本要交的法人税额是30万日元的50%，即15万日元。而最后集团全体的税后利润也变成了10+90−15−36=49万日元。

日本税收部门如果认定合理的转让定价非110万日元而是130万日元的话，那么本田在日本就不得不增加税金支出。对任何国家的税收部门来说，其目的都是确保税金收入，所以日本税收部门认定更高的转让定价也是出于对自身利益的考量。

但另一方面，如果美国税收部门也认定合理转让定价为130万日元时，位于美国的本田子公司的税前利润将下降至200−130=70万日元，如此一来美国的税金收入反而会下降。

像上述例子那样，根据两国税收部门认定的合理转让定价的不同，也会使他们各自的税收金额发生变化。但要注意的是，**两国税收部门之间的利益关系是完全相反的**。因此对税收部门来讲，如何设定合理的转让定价的判断标准是十分重要的。

那么我们来对比情形1和情形2，企业的利润有什么变化呢？与情形1中的59万日元相比，情形2中的利润下降到了49万日元，为什么会这样呢？我们来通过图12.3进行解释。在情形2中税前总利润为100万日元，在美国要对其中的90万日元利润交税；但在日本则要对其中的30万日元交税（原因是日本税收当局的130万日元转让定价认定）。需要交税的收入部分是90+30=120万日元，已经超过了税前利润的100万日元，而多交纳的税金是因为美国和日本的税收部门进行了两次税收行而导致的。即对其中20万日元的收入产生了双重课税。

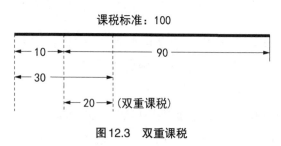

图12.3 双重课税

两国税收部门如果采取不同的转让定价认定，则会产生双重课税问题，使企业利润下降。由于双重课税阻碍着国际商业行为的发展故并不被推崇。所以现在设计了一种协商机制，即通过两国税收部门和一家跨国企业的沟通协调，使两国税收部门只认定一个合理的转让定价，这被称作两国事先确认制度（BAPA）。该制度的导入即是为了减少发生双重课税的风险而做出的努力。

后半部分

在习题中学习
国际经济学入门

导语

INTRODUCTION

有很多同学看了教材觉得自己明明掌握了相关知识，但是遇到题就不会做。为了解决大家这种烦恼，我特意写了这部分，在解答习题的同时让同学们学习国际经济学的知识。一般来说，习题中都会包含着非常重要的知识点。因此，这部分围绕着在实际做题时应该如何解决问题这一学习目标，从大量的知识中抽选出了非常精华的部分来供大家参考学习。

另外，写这部分的另一个理由是因为想要让大家尽快掌握国际经济学的大体内容。在这部分中，我尽可能地不增加页数，并且不仅仅局限于列出单纯的定义公式，争取最大限度地涵盖必学的知识点的同时，也能够让同学们经过认真地思考，从而达到能够将知识融会贯通的学习目的。

后半部分有如下几个特点：

首先是针对像是初学者或者非经济学专业的同学，为了减少他们在学习中遇到的阻力而作出了很多努力。特别是收集了很多在约翰·霍普金斯大学、纽约市立大学、匹兹堡大学等大学内的讲义中出现过的一些简单问题，并且针对一些容易被忽视的细节处，本部分也会仔细地进行讲解。因此，我会根据情形，即使舍弃最严密的措辞，也要使用让各位读者在学习时能留下印象的方式来记述知识点。

另外，在各章节的最后，可供参考的教材信息在参考教材的部分有记述。如果可以和参考教材一起学习的话，对于知识点的理解和掌握应该能够有所加深。由于页数受限，后半部分中未涉及的知识点，作为补充，同学们在参考书中都可以找到相关内容。

后半部分的练习中还包含了微观经济学的基础知识和博弈论的相关知识。无论是备考相关资格考试、经济学检定考试还是作为备考研究生或者是准备学校的期末考试，都应该大有裨益。

经济学是拥有独特的思考方式的一门学科，对于很多初学者来说往往不能习惯这种思考方式，但是只要习惯后就会发现并没有想象中的那么难。希望这部分能够对学习经济学知识的同学有所帮助。其中文版的翻译由马小涵完成，翻译的校对由唐可心完成，在此，特向两人表示衷心的感谢。

接下来就让我们开始学习吧！

第1章
李嘉图模型和比较优势

A GUIDE TO INTERNATIONAL ECONOMICS

/ 目的 /

本章主要学习比较优势和绝对优势。让我们通过具体的数值来学习两者的区别吧。

技术发达的国家与技术发展较为落后的国家进行贸易活动的时候会有什么优势呢？若是技术较为发达的话，也许有人会认为所有的生产活动在国内进行会比较好。但是，国内的资源（比如说各个国家的劳动人数）却是有限的。

在如何有效利用有限资源这一问题上，与其选择将所有的生产活动在本国内进行，不如选择与其他国家一起合作更能够充分利用有限的资源。这一原则在国际经济学领域里广为人知。本章中，我将会为大家介绍李嘉图模型的内容，与此同时，我们还会学习比较优势这一基本概念。

李嘉图模型认为，技术的先进通过较高的劳动生产率得以展现。举例来讲，我们假定日本生产1辆汽车需要6人，但美国生产1辆汽车仅仅需要2人。这就表明，在美国只需要少量的人数就可以生产同等数量的汽车（美国的劳动生产率较高），因此，我们就可以说美国的生产技术较为发达。同理，假定生产1千克的苹果在日本需要8人，而在美国只需要4人。由于在美国只需少量的人数就可完成同等数量的苹果生产，因此我们仍然可以说美国是生产技术较为发达的一方。在上述情况下，我们可以说美国在汽车和苹果的生产上都拥有绝对优势。

虽然美国比日本技术发达，但在进行贸易活动时两国均有利可图。我们需要通过"比较优势"这一概念解释为何两国都是有利可图的。举个例子，我们假定比起日本，美国更擅长生产汽车；而日本比起美国更擅长生产苹果。若两国进行合作，哪国相对而言更适合生产汽车？哪国更适合生产苹果？这一问题通过比较优势的概念得以说明（我们会在本章的练习题中学习如何确定比较优势）。

接下来，请大家考虑一下为什么技术发达的国家和技术不发达的国家进行贸易活动的时候会有利可图呢？那是因为，当通过贸易各国都生产相对擅长的物品时，相比于不进行贸易活动的时候，世界整体的生产量在增加。将增产的物品通过贸易分配的话，就能消费更多的产品。因此，比起不进行贸易活动（自给自足），开展贸易的好处更多。

例题 1

美国和墨西哥均生产电脑和小麦。下表表示了美墨两国各自生产1单位产品所需要投入的劳动力。比如说，在美国，生产1台电脑需要2人；若是生产1千克小麦则需要4人。同理，在墨西哥，生产1台电脑需要6人，而生产1千克的小麦则需要8人。

	电　脑	小　麦
美国	2人	4人
墨西哥	6人	8人

问题1　哪个国家的技术水平更高？

①无论是生产电脑还是小麦，美国都拥有绝对优势。

②无论是生产电脑还是小麦，墨西哥都拥有绝对优势。

③墨西哥在电脑生产上拥有绝对优势，美国在小麦生产上拥有绝对优势。

④墨西哥在小麦生产上拥有绝对优势，美国在电脑生产上拥有绝对优势。

⑤以上答案均不正确。

问题2　关于相对的技术水平，哪个陈述是正确的呢？

①无论是生产电脑还是小麦，美国都拥有比较优势。

②无论是生产电脑还是小麦，墨西哥都拥有比较优势。

③墨西哥在电脑生产上拥有比较优势，美国在小麦生产上拥有比较优势。

④墨西哥在小麦生产上拥有比较优势，美国在电脑生产上拥有比较优势。

⑤以上答案均不正确。

【解析1】

问题1 正确答案①

首先我们来解释一下什么是绝对优势。我们通过易于理解的数字比较的方式来比较两国的技术水平。同时生产1台电脑，美国需要2人，墨西哥则需要6人。通过比较数字2和6我们可以知道，比起墨西哥，美国可以通过更少的劳动力来完成1台电脑的生产。因此美国的技术比墨西哥的技术要高，这就是所谓的绝对优势。

	电　脑	小　麦
美国	2人	4人
墨西哥	6人	8人

同理，生产1千克小麦，美国需要4人，墨西哥则需要8人，我们将4和8进行比较。由此可以知道，相较于墨西哥，美国通过更少的劳动者数量就可以完成1千克小麦的生产。因此，美国的技术比墨西哥要高。

	电　脑	小　麦
美国	2人	4人
墨西哥	6人	8人

绝对优势的判断仅需一步：像比较2和6、4和8这样，通过比较两国的数字，我们可以得出：相比墨西哥，美国在生产电脑和小麦时所需人数更少。这就是绝对优势的思考方式。到这里应该没什么疑问。

问题2 正确答案④

比较优势的思考方式与绝对优势有什么不同呢？一个很大的不同之处在于，比较优势是通过相对技术水平进行判断的，其判断需要两个阶段。

【第1步】

首先，我们来看在美国国内生产电脑和小麦的情况。我们使用下表中的数字2和4，通过计算小麦产量的变化去衡量追加生产一台电脑的成本。追加生产一台电脑，由于需要2名美国人，因此必须要牺牲0.5（=2÷4）千克小麦的生产。这就是成本。在经济学中，为了获得某物而必须牺牲的成本被称为**"机会成本"**。

	电　脑	小　麦	用生产小麦的费用来计算每追加生产一台电脑所需要的机会成本
美国	2人	4人	0.5（=2÷4）
墨西哥	6人	8人	0.75（=6÷8）

同理，就墨西哥的电脑和小麦生产状况进行分析也为第一阶段。那么我们计算一下墨西哥国内每多生产一台电脑所需要的成本。每生产一台电脑墨西哥需要6人，也就是说为了要多生产一台电脑必须要牺牲0.75（=6÷8）千克小麦的生产，这便是成本。

	电　脑	小　麦	用生产小麦的费用来计算每追加生产一台电脑所需要的机会成本
美国	2人	4人	0.5（=2÷4）
墨西哥	6人	8人	0.75（=6÷8）

【第2步】

在第二阶段，我们来对0.5和0.75进行比较。比较后我们可以发现，相对于墨西哥，美国在电脑生产上更具优势。原因是，相比于墨西哥生产电脑所需0.75的成本，美国生产电脑的成本更低（0.5）。这便是比较优势的思考方法。

总结一下，在比较优势的分析里，首先要利用某国国内生产两种货物相关信息计算出机会成本。接下来，将两国的机会成本进行比较。通过上述两步，判断出相对的哪个国家更加擅长生产电脑，这便是比较优势的思考方法。第1步：计算本国内的机会成本（0.5和0.75）。第2步：比较两国间的机会成本（0.5＜0.75）。

得出结论：相较于墨西哥，美国更加擅长生产电脑。

问题2 其他解法

在上述解法中，我们考虑了追加生产一台电脑的情况。同理，如果多一千克小麦必须要减产多少台电脑，这种思路同样可以解出答案的。

【第1步】

在美国，若是想追加生产一千克小麦，那我们用电脑的生产来计算追加的成本。每追加生产一千克小麦需要4人，那么就说明为了生产这一千克小麦，必须要放弃生产2（=4÷2）台电脑。这就是在美国生产小麦的成本。

	电 脑	小 麦	用电脑的生产来测量多生产一千克小麦的机会成本
美国	2人	4人	2（=4÷2）
墨西哥	6人	8人	1.3（≒8÷6）

墨西哥的情况也是如此，我们来计算一下墨西哥追加生产一千克小麦所需要的成本。多生产一千克小麦需要8人，也即必须要牺牲大约1.3（=8÷6）台电脑的生产。这就是墨西哥生产小麦的费用。

	电 脑	小 麦	用电脑的生产来测量多生产一千克小麦的机会成本
美国	2人	4人	2（=4÷2）
墨西哥	6人	8人	1.3（≒8÷6）

【第2步】

第2步便是要对两国间的费用2和1.3进行比较。比较后可知，墨西哥比美国更擅长生产小麦。原因是，追加生产一千克小麦，在美国所需要的费用是2，而墨西哥所需要的费用是1.3，比美国少。

这就是关于比较优势问题的解题方法。解题要点分为两步，第一步是计算绝对优势；第二步是计算比较优势。比较优势类似于跷跷板，如果美国相对而言擅长生产电脑的话，墨西哥则会相对地在生产小麦上更加擅长。然而，在绝对优势上面，无论是生产电脑还是小麦，美国都更擅长。

或许有人会问为什么我们要特意使用比较优势这一概念？其实在比较优势的背后，存在着对有限资源的有效利用这一思想。也就是说，只生产自己擅长的东西，之后把彼此生产出的东西进行交换。这样一来，比起自己生产多种商品，消费得到了提升。

例题 2

假设日本和韩国生产船和汽车。如果日本相较于韩国，在生产汽车方面拥有比较优势的话，以下各个选项中，正确的是哪一个？
① 韩国相较于日本，在造船方面拥有比较优势。
② 韩国相较于日本，在生产汽车和造船两方面都拥有比较优势。
③ 日本相较于韩国，在生产汽车和造船两方面都拥有比较优势。
④ 韩国相较于日本，无论是在生产汽车还是造船方面都没有比较优势。
⑤ 以上答案均不正确。

【解析2】
正确答案①
因为比较优势就像跷跷板一样，如果日本相对而言擅长生产汽车的话，韩国则会相对应地在造船方面更胜一筹。

例题 3

在美国，生产一辆汽车需要10人，生产一千克大米需要5人。同样地，在日本，生产一辆汽车需要4人，生产一千克大米需要2人。

	汽　车	大　米
美国	10人	5人
日本	4人	2人

问题1　哪个国家技术水平更高?

① 无论是生产汽车还是大米,美国都拥有绝对优势。

② 无论是生产汽车还是大米,日本都拥有绝对优势。

③ 生产汽车上日本拥有绝对优势;生产大米上美国拥有绝对优势。

④ 生产大米上日本拥有绝对优势;生产汽车上美国拥有绝对优势。

⑤ 以上答案均不正确。

问题2　为了多生产一辆汽车,美国必须要放弃生产几千克的大米呢? 同样地,如果在日本,又要放弃几千克大米的生产呢?

问题3　哪个国家能在贸易中获得利益呢?

① 只有日本。

② 只有美国。

③ 日本和美国。

④ 两国均没有。

⑤ 以上答案均不正确。

【解析3】

问题1　正确答案②

　　因为日本无论在生产汽车还是大米上都需要更少的人数,因此日本的生产技术水平要高于美国。无论是生产汽车还是生产大米,日本均拥有绝对优势。

问题2　在美国,如果放弃2千克大米的生产,就可以将10名工人投入汽车生产当中。也就是说,在美国为了生产汽车的机会成本是2。

　　同理,在日本,放弃2千克大米的生产,就可以解放4名工人用于汽车生产。也就是说,在日本生产汽车的机会成本也是2。

　　两国生产汽车时的机会成本是相同的。因此,日本和美国,无论在生产汽车还是生产大米方面都不拥有比较优势。

用生产大米所需要的机会成本去思考的话，上述结论中也不会发生改变。在美国，如果放弃生产1/2辆汽车，便可将5名工人解放出来用于大米的生产。也就是说，多生产1千克大米的机会成本是1/2。

同样地，在日本，放弃生产1/2辆汽车，可以将2名工人投入大米的生产当中。即，在日本，多生产1千克大米的机会成本也是1/2。

	以汽车的生产为基准的机会成本（牺牲汽车的生产）	以大米的生产为基准的机会成本（牺牲大米的生产）
美国	1/2	2
日本	1/2	2

问题3　正确答案④

在无法讨论比较优势的情况下，也就不存在贸易利益。李嘉图模型想要试图通过国家间不同的技术能力来解释贸易利益，如果技术能力相对一样的话，贸易利益也就不会产生。

因此，如果是技术能力相同的两国之间的贸易情况，李嘉图模型就无法解释了。但是，在今后的内容中，我们可以用赫克歇尔-俄林模型（即资源禀赋理论）来解释两国技术能力即使相同，在进行贸易时仍然存在贸易利益的这种情况。

参考教材

《国际经济学入门》前半部分第1章"技术与贸易"，华东师范大学出版社

《克鲁格曼国际经济学　理论与政策（第10版）上：贸易篇》第3章"劳动生产率与比较优势：李嘉图模型"，丸善出版

第2章
消费与生产理论
A GUIDE TO INTERNATIONAL ECONOMICS

/目的/

首先我们来学习关于消费者的效用最大化和生产者的价值最大化的基础知识。

我们会使用**无差异曲线、预算约束线、等价值线**以及**生产可能性曲线**，让大家能够画出图表。这是学习赫克歇尔–俄林模型（又称资源禀赋理论）的必要知识。

为了让首次学习经济学的同学更好地理解学习内容，在本章我们先来了解一下在国际贸易理论中经常被用到的、较为简单的分析工具。大家在学习国际贸易的重要理论之一的赫克歇尔–俄林模型的内容时，经常会有听不懂的地方，以至于在这里被绊住。不过不用担心，让我们按次序学习以下内容。

整体分为以下三点。

首先是市场上的价格机制。买家（即消费者）的数量比卖家（即生产者）的数量多的时候，价格会上升。反之，卖家多于买家的时候，价格会下降。由于会有这样的价格调整，买家和卖家的数量总是处于一种相对平衡。

其次是消费者的行为。一般在经济学中，我们认为是消费者用有限的收入，进行最大化满足（效用）的购买行为。也就是说，在既定的收入范围内，尽可能最大程度地满足自己的欲望。使用表示人们喜好概念的无差异曲线和表示有限收入概念的预算约束线就能够分析这种消费者行为。

最后是生产者的行为。虽然生产者的目的各有不同，但是在国际经济学的开始阶段，我们认为生产者能够使用国内有限的资源，并且也能够将生产物的价值发挥到最大。当然这并不是说能肆意地购买生产所必要的矿物等原材料及最新的设备，或者是随意地聘请优秀的人才。因为这种所谓的资源供给是有限的。使用表示有限的资源相关概念的生产可能性曲线和表示生产物的价值相关概念的等价值线，就可以分析这种生产者行动。

生产者和消费者相遇的地方就是市场。在市场上，买家和卖家之间的平衡关系决定了价格与销售量的高低。

例题 1

以下哪种组合可以用来正确解释市场机制？

① a 和 d

② b 和 c

③ a 和 c

④ b 和 d

⑤ 以上均不正确

选项内容如下：

a）当求大于供时，价格上升。　　b）当求大于供时，价格下降。

c）当供大于求时，价格上升。　　d）当供大于求时，价格下降。

【解析 1】

正确答案①

一方面，当买家的数量多于卖家的数量（需求大于供给）时，对于卖家有利。因此，卖家这时便可以提高商品的价格。另一方面，如果卖家的数量多于买家的数量（供给大于需求）时，卖家处于劣势，即使用低价也可以买到同样的商品。

例题 2

在效用最大化中，用于解释消费者行为而被使用的是以下哪两个概念？

① a 和 b

② b 和 c

③ c 和 d

④ d 和 e

⑤ 以上均不正确

选项内容如下：

a）无差异曲线　　　　　　　　　b）预算约束线

c）生产可能性曲线　　　　　　d）等价值线

e）反应曲线

【解析2】

正确答案①

　　一般在经济学中，消费者往往会使用有限的收入来获取最大的满足度（效用）。预算约束线表示有限的收入，无差异曲线来表示消费者喜好。使用有限的收入，并将其效用最大化，在分析这样的消费者行为时，我们可以利用预算约束线和无差异曲线。

例题3

在价值最大化中，以下哪两个概念可以用来解释生产者行为？

① a和b　　　　　　　　② b和c

③ c和d　　　　　　　　④ d和e

⑤ 以上均不正确

选项内容如下：

a）无差异曲线　　　　　　　b）预算约束线

c）生产可能性曲线　　　　　d）等价值线

e）反应曲线

【解析3】

正确答案③

　　在基础的国际经济学中，生产者是利用有限的资源，将生产物的价值发挥到最大程度。生产可能性曲线可以表示和有限的资源相关的概念，而等价值线则可以用来表示生产物的价值。使用有限的资源，将生产物的价值最大化，分析这种生产者行为的时候可以使用生产可能性曲线和等价值线。

例题 4

假设食品的价格是 2 美元，衣服的价格是 1 美元，我们一起来画预算约束线。假定收入是 100 美元。

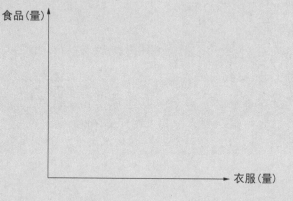

【解析 4】

　　如果使用所有的收入买食品的话，可以买 50 单位。因此，纵轴的截距为 50。同理，如果所有的收入去买衣服的话，可以买 100 单位。因此横轴的截距为 100。将这两个点连起来，这条直线便是预算约束线。

　　另外，如果有 100 美元的话，我们可以组合搭配，选择买 40 单位的食品和 20 单位的衣服，或者是买 10 单位的食品和 80 单位的衣服。表示所有这些组合搭配的方式的点都存在于预算约束线上。

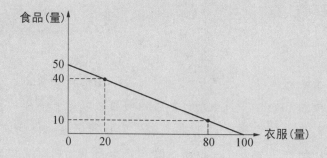

例题 5

在【例题 4】的条件下，假如衣服的价格上涨到 2 美元，预算约束线会

怎么变化呢？请试着在轴上画一下预算制约线。

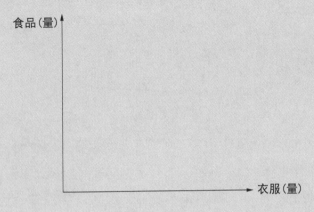

【解析5】────────────────────────────

如果将所有的收入都用来买衣服的话，那可以买50单位的衣服。因此，横轴的截距变为了50。如果将所有的收入都用来买食品的话，那么可以买50单位的食品。纵轴的截距仍然是50。将横轴和纵轴的两个点连起来的这条线，就是新的预算约束线。

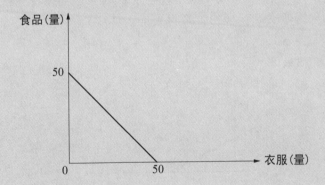

例题 6 ────────────────────────────

如果将【例题4】食品的价格改为4美元，衣服的价格改为2美元，此时的预算约束线会变成什么样子呢？请在轴上试着画一下这条预算约束线。

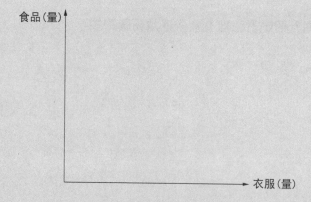

【解析6】

    如果将所有的收入都用来买食品，那可以买25单位的食品。因此，纵轴的截距为25。同理，如果将所有的收入用来买衣服，可以买50单位的衣服。因此，横轴的截距为50。将横轴和纵轴的这两个点连起来的直线，就是新的预算约束线。

    我们能够观察到，当收入不变，两种商品的价格变成［例题4］价格的2倍时，预算约束线所围成的三角形变小了。这个三角形在这里表示的是购买能力。因此，我们就能明白，当收入相同时，消费者的购买能力会随着商品价格的上涨而下降。

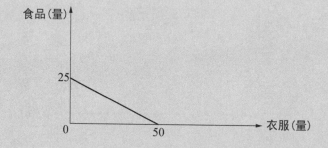

    讨论到这里，我们解释了在分析个人层面的消费者行为时所使用的框架。实际上，在学习国际经济学的时候，这个框架也同样适用于国家层面。也就是说，我们可以使用预算约束线和无差异曲线来分析国家层面的消费行动。就像动漫中的合体机器人一样，把国民个体组合成一个整体，化为一个"巨人"，考虑这个"巨人"的预算和效用时同样可以使用这个框架。

在分析生产者行为时使用的框架也同样适用于国家层面。并不仅仅针对个别的生产者，而是要进行使国家创造的价值最大化的生产。

这种方法会在学习传统的国际经济学的赫克歇尔-俄林模型时用到。

例题 7

当每单位食品的价值是2美元，每单位衣服的价值是1美元的时候，请在轴上试着画一下等价值线。总的价值限定为100美元。

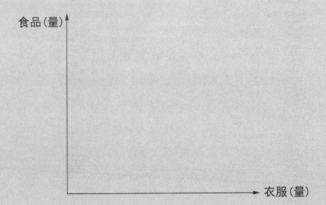

【解析7】

假设只生产食品时，生产50单位食品的价值是100美元。因此，纵轴的截距就是50。同样地，假设只生产衣服时，生产100单位衣服的价值是100美元。因此，横轴的截距是100。将横轴和纵轴上这两点

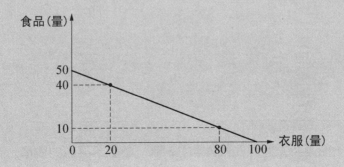

连接起来的这条直线，就是100美元的等价值线。

另外，同时生产40单位的食品和20单位的衣服或者同时生产10单位的食品和80单位的衣服时，也能够产生100美元的价值。因此，这些点都在等价值线上。

例题 8

请试着在【例题7】的基础上，画一下【例题4】的预算约束线。

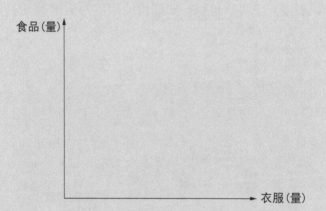

【解析8】

我们可以看到这两条线重合在了一起，成了一条线。

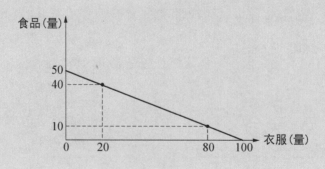

例题 9

以下轴上的两条无差异曲线A和B，哪一条表示更高的效用。

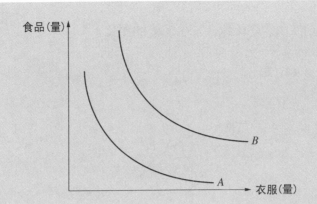

【解析9】

正确答案B

在画多条无差异曲线的时候，越靠近右上方，则表示越高的满足度。相反，若是曲线越偏向左下方，则表示较低的满足度。

比如说在比较点①和点②的时候，因为点②表示食品和衣服的消费量比较多，因此曲线B就表示较高的满足度。

另外，在表示消费25单位的食品的点上画一条水平线，曲线A和曲线B上所对应的点分别是③和④。比较这两个点，当食品的消费量相同时，衣服消费量更高的点是④，因此我们就可以明白此时曲线B的满足度更高。

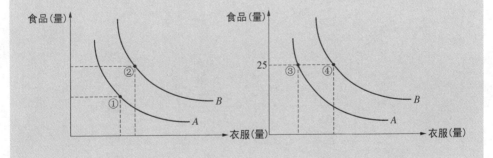

例题 10

该图表示某国的生产可能性曲线。如果这个国家的资源增加的话，那么生产可能性曲线的位置会发生怎样的变化？

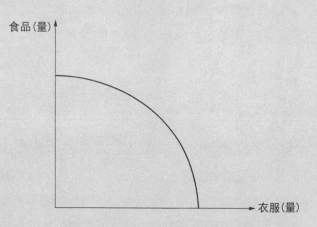

【解析10】

　　如果资源增加的话，能够生产更多的食品和衣服。因此，生产可能性曲线会向外侧移动。生产可能性曲线下所表示的扇形面积也会随之变大。因为当资源增加的时候，就可以生产更多的产品。

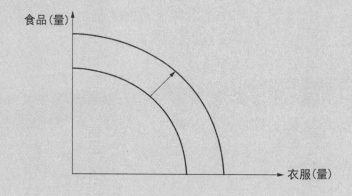

例题 11

　　当收入100美元＝价值100美元时，假设食品的价格是1美元，衣服的价格是2美元。

问题1 请试着画一下预算约束线和等价值线。

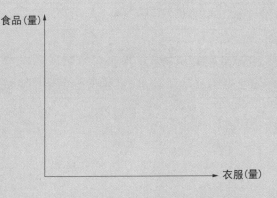

问题2 请试着计算一下预算约束线和等价值线的斜率。

问题3 上述问题中计算的斜率表示什么？

【解析11】

问题1

如果用所有的收入去买食品的话，可以买100单位。因此，纵轴的截距是100。同理，如果用所有的收入去买衣服的话，可以买50单位。因此，横轴的截距是50。将横轴和纵轴上的这两点连起来的直线，就是预算约束线。

假设只生产食品。生产100单位的食品的价值是100美元。因此，纵轴的截距是100。同理，假设只生产衣服，生产50单位的衣服的价值是100美元。因此，横轴的截距是50。将横轴和纵轴上的这两点连起来的直线，就是100美元的等价值线。

由于这两条线重合，因此我们只需要画出一条线。像这样的图，就是我们在学习赫克歇尔-俄林模型时所看到的图。

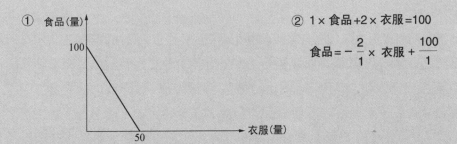

问题2

如图所示，我们能算出斜率是–2。

问题3

我们可以从问题2的式子中看到，这个斜率表示的是食品和衣服的相对价格。这也是学习赫克歇尔–俄林模型时非常重要的一点，请大家一定要记住。

| 参考教材 |

《国际经济学入门》前半部分第2章"经济学的基础分析方法"，华东师范大学出版社

第3章
赫克歇尔-俄林模型和贸易优惠

A GUIDE TO INTERNATIONAL ECONOMICS

/目的/

进行贸易活动和不进行贸易活动时相比，会产生贸易优惠。接下来我们围绕贸易优惠这一内容进行学习。将没有贸易就无法消费的商品组合，使其得以消费，这是学习这一部分的关键。

学习本章内容时首先请考虑一下提倡自由贸易的理由。虽然一般来讲，大多数人都会觉得进行自由贸易是好事，那么究竟为什么人们会认为贸易是好事呢？根据赫克歇尔-俄林模型的内容，由于每个国家的相对资源量（生产要素禀赋量）是不一样的，因此在比较进行贸易活动和不进行贸易活动时，我们就能理解贸易优惠这一原理。

在不进行贸易活动的封闭经济情况下，生产的所有商品都在国内被消费。也就是说，通常在不进行贸易活动时，消费量和生产量是一致的。另一方面，如果是进行贸易活动的开放经济的话，消费量未必和生产量相同，即便如此也无大碍。因为如果当生产量大于消费量时可以选择出口更多的商品，而当生产量小于消费量时也可以选择进口更多的商品。这样一来，进行贸易就变成了提高人们满足度的好事。

那么究竟为什么在进行贸易活动时比起不进行的时候，人们的满足度会提高呢？

这个道理其实非常简单。那就是：如果在本国内生产不擅长的商品，价格会上涨。因此，大家都会选择尽可能多地生产擅长的商品并且将其进行出口，对于不擅长的商品，大多数国家都选择本国内尽量不生产，而从外国进口。

这样在全球范围内就能形成人尽其才、物尽其用的良好局面，并且也能够使资源得到有效的活用（在经济学中也称为有效率）。如此一来，还能够生产出更多的商品。如果通过贸易能将这块变大了的经济蛋糕进行分配的话，那么更多的人可以购买到此前封闭经济环境下购买不到的商品组合。

顺便一提，虽然我们在第1章分析李嘉图模型时有提到过贸易的源泉是来自国家之间相对技术力的差别，但是在赫克歇尔–俄林模型中贸易的源泉则是来自国家之间相对的生产要素禀赋量的差别。

例题 1

首先让我们走进生产消费衣服和食品的世界。

问题1 利用无差异曲线、预算约束线、等价值线和生产可能性曲线，来试着画一下在不进行贸易活动（封闭经济）时的生产和消费情况。

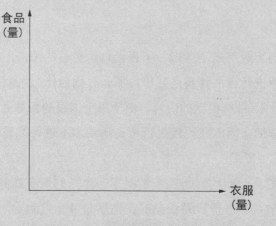

问题2 在封闭经济中，生产量和消费量之间存在什么样的关系呢？

① 消费量和生产量是一致的。

② 消费量大于生产量。

③ 消费量小于生产量。

问题3 下图表示了在进行贸易（开放经济）时的一组关于生产和消费的图像。在开放经济中，生产量和消费量之间存在什么样的关系呢？

① 消费量和生产量一定是一致的。

② 消费量一定大于生产量。

③ 消费量一定小于生产量。

④ 消费量未必和生产量是一致的。

⑤ 以上都不正确。

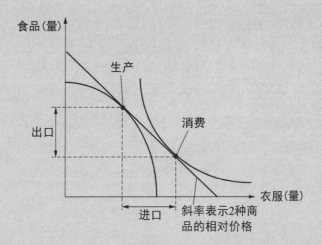

问题4 试着比较一下封闭经济和开放经济。虚线①表示在封闭经济的情况下，效用（＝社会福利）最大化的无差异曲线；②表示在开放经济的情况下效用（＝社会福利）最大化的无差异曲线。哪一条线表示的社会福利更高呢？

① 封闭经济。

② 开放经济。

③ 封闭经济和开放经济相同。

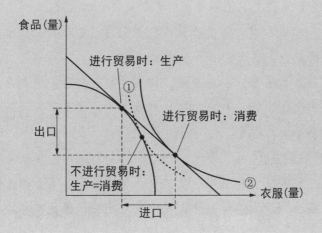

【解析1】

问题1

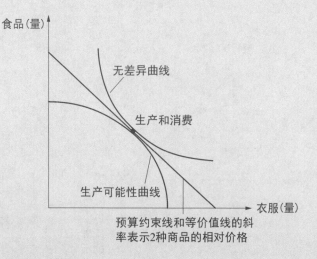

问题2　正确答案①

因为在本国内无法进行大于生产量的消费活动,所以消费量和生产量是一致的。

问题3　正确答案④

如果衣服和食品在国际市场上进行贸易活动,消费量即使不等于生产量也没关系。

该图表示在国内衣服的生产量小于衣服的消费量时的情况。当消费量大于生产量时,它们两者间的差额就要依靠进口。

同理,如果考虑国内生产食品的情况时,如果食品的生产量大于食品的消费量,多出的食品则会被出口。

在这里,如果出口一种商品,相应地就会有另一种商品被进口输入国内。也就是说当一种商品的生产量大于消费量时,另一种商品的生产量就会小于消费量。

问题4　正确答案②

我们能够观察到问题4的图中表示开放经济情况下的无差异曲线②比封闭经济下的无差异曲线①更偏向右上方。因此我们就能得出结论：进行贸易比不进行贸易时的社会福利更高。

那么，为什么进行贸易情况下的社会福利，会比不进行贸易的情况下要高呢。那是因为进行贸易的话，能够购买的商品种类会比不进行贸易时更加丰富。进行贸易下的消费已经不再局限于生产可能性曲线的内部。也就是说，进行贸易的话，可以购买到仅凭本国有限资源无法生产出的商品组合。

有一种经常会出现的错误回答是：比起不进行贸易，进行贸易时会产生更多的消费。我们看图就能明白：虽然衣服的消费量在增多，但是食品的消费量却在减少。给人的感觉好像是：国内已经不需要过多的食品，而多出的食品正在和衣服进行交换。换句话讲，用多出的商品去交换更加想要的另一种商品。

参考教材

《国际经济学入门》前半部分第3章"自由贸易的好处和国际贸易体制"，华东师范大学出版社

《克鲁格曼国际经济学　理论和政策（第10版）上：贸易篇》第5章"资源和贸易：赫克歇尔-俄林模型"第6章"标准贸易模型"，九善出版

第4章
赫克歇尔–俄林定理和贸易模式

A GUIDE TO INTERNATIONAL ECONOMICS

/目的/

赫克歇尔–俄林模型中，由于国家之间资源量的差异，决定了本国要生产什么样的产品（比较优势）。因此我们可以通过本次学习了解到贸易下的各国具体出口什么产品，进口什么产品。

在第1章提到的李嘉图模型中，我们了解到每个国家之间存在的技术差别非常重要。因此，本国应该只生产技术上占有优势的商品，并且将其出口。而对于本国的技术而言不太擅长的商品，则选择进口。这样一来就产生了贸易的利益。也就是说，国家间存在的相对技术的差异，是产生贸易利益的原因。

那么，如果国家间技术不存在差异的话，是否还会产生贸易的利益呢？赫克歇尔–俄林模型则向我们说明了这种情况：国家间即使不存在技术差异，也会产生贸易利益。这个模型主要关注国家间不同的资源量。资源量的差异，决定了适不适合生产某种商品，从而产生贸易利益。

比如说，美国比墨西哥相对而言，资本更加雄厚。这时美国在生产过程中，就更擅长生产电脑，因为生产电脑更需要资本而不是劳动力。相反，美国不适合生产衣服。因为在生产衣服的过程中，劳动力比资本更加重要。

另一方面，相对美国而言，墨西哥的劳动力更加充沛。因此墨西哥更加擅长生产衣服，因为在生产衣服的过程中，劳动力比资本重要。相反，墨西哥就不擅长生产电脑，因为在生产电脑的过程中，资本比劳动力重要。

美国可以出口拥有比较优势的电脑，进口衣服。而墨西哥则可以出口拥有比较优势的衣服，进口电脑。这就是赫克歇尔–俄林模型所提到的关注国家间资源量的差异的贸易模式，被称为赫克歇尔–俄林定理。

定理虽然是这样，但更加通俗地来解释的话，即灵活利用本国相对丰富的资源进行贸易活动，出口本国相对充裕的生产要素所生产的产品，进口本国相对稀缺的资源的产品。

例题 1

请试着考虑一下美国和墨西哥两国的贸易活动。在美墨两国生产两种商品，其中一种是劳动密集型的衣服，另一种是资本密集型的电脑。生产过程中必需的生产要素是劳动力和资本，墨西哥和美国两国的生产要素禀赋量如下表。本题中假设两国间的劳动者的能力和资本设备不存在差异。

	劳 动	资 本
墨西哥	90	30
美国	30	20

问题1 美墨两国各自生产什么商品时拥有比较优势？

① 墨西哥生产衣服，美国生产电脑。

② 墨西哥生产电脑，美国生产衣服。

③ 墨西哥生产衣服和电脑时均有比较优势。

④ 美国生产衣服和电脑时均有比较优势。

⑤ 以上均不正确。

问题2 根据赫克歇尔-俄林定理，

① 墨西哥要出口衣服，进口电脑。

② 墨西哥要出口电脑，进口衣服。

③ 墨西哥要出口衣服和电脑。

④ 美国要出口衣服和电脑。

⑤ 美国要出口衣服，进口电脑。

【解析1】

问题1 正确答案①

两国相对资源量的差异决定了各国的比较优势。和李嘉图模型的比较优势的考虑方法一样，整体分为两步。

第1步：我们先来看一下每1单位资本相当的劳动力数量。在墨西哥，每1单位资本对应的劳动力数量是3。

	劳　动	资　本	
墨西哥	90	30	90÷30=3

而在美国，每1单位资本对应的劳动力数量是1.5。

	劳　动	资　本	
美国	30	20	30÷20=1.5

第2步：比较一下第1步计算中得出的3和1.5，因为3大于1.5，因此我们就能推断出：相对而言，墨西哥比美国拥有较为丰富的劳动力。

在劳动力相对丰富的墨西哥，适合生产劳动密集型的衣服，因此衣服的生产拥有比较优势。另外，比较优势类似于跷跷板，当墨西哥在生产衣服处于比较优势时，那么相应地美国就会在生产电脑方面拥有比较优势。

计算每1单位的劳动力所对应的资本作为另外一种解法，这样计算也可以得到同样的结论。

第1步：先来看看每1单位的劳动力所对应的资本是怎么样的。在墨西哥，每1单位劳动力所对应的资本大约是0.33单位。

	劳　动	资　本	
墨西哥	90	30	30÷90≈0.33

在美国，每1单位劳动力对应的资本大约是0.67单位。

	劳　动	资　本	
美国	30	20	20÷30≈0.67

第2步：比较第1步计算中得出的0.33和0.67，因为0.67大于0.33，因此就能推断出：相对而言，美国比墨西哥资本更加丰富。

因为在资本相对丰富的美国，更适合生产资本密集型的电脑，因此美国生产电脑时拥有比较优势。

问题2　正确答案①

墨西哥应该出口拥有比较优势的衣服，进口比较优势欠缺的电脑。而美国应该出口拥有比较优势的电脑，进口比较优势欠缺的衣服。

例题 2

曲线GBF表示生产可能性曲线，点C所在的曲线表示的是无差异曲线，直线ABECD表示的是等价值线和预算约束线。在下图中，由于预算约束线和等价值线重合，我们只画出了其中一条。接下来请大家考虑以下问题。

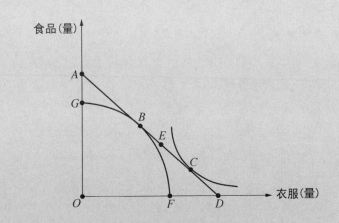

问题1　决定最优的生产组合的点是哪个？

①A　　②B　　③C　　④D　　⑤E　　⑥F　　⑦G

问题2　决定最优的消费组合的点是哪个？

①A　　②B　　③C　　④D　　⑤E　　⑥F　　⑦G

问题3　此时这个国家应该进口什么？

①食品　　②衣服　　③食品和衣服　　④以上均不正确

问题4 此时这个国家应该出口什么?

① 食品   ② 衣服

③ 食品和衣服   ④ 以上均不正确

问题5 根据赫克歇尔-俄林模型来推断,这个国家生产什么商品拥有比较优势?

① 食品   ② 衣服

③ 食品和衣服   ④ 以上均不正确

【解析2】

问题1 正确答案②

表示生产物的价值最大化的生产组合是等价值线和生产可能性曲线两条线相交时的B点。

问题2 正确答案③

表示消费者效用最大化的消费组合是预算约束线和无差异曲线两条线相交时的C点。

问题3 正确答案②

OB′表示衣服生产量,OC′表示衣服消费量。因为OC′大于OB′,消费量大于生产量,因此我们就能推论出:应该先进口衣服,之后再进行消费。

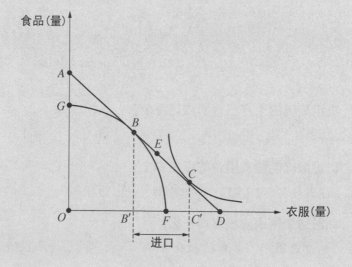

问题4　正确答案①

OB″表示食品生产量，OC″表示食品消费量。因为OC″小于OB″，消费量小于生产量，所以要将多出的食品进行出口。

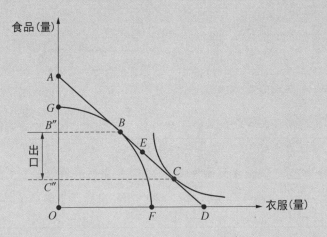

问题5　正确答案①

根据赫克歇尔–俄林定理，我们能知道出口的食品拥有比较优势。

例题3

试想一下世界上仅生产食品和衣服两种商品的例子。假设贸易开始后，某国的衣服价格与食品价格之比上升并达到均衡的情况下，以下关于此国的状态的描述中，最确切的是哪个？

① 衣服的供给量和食品的供给量正在增加。

② 衣服的供给量和食品的供给量正在减少。

③ 衣服的供给量增加，食品的供给量减少。

④ 食品的供给量增加，衣服的供给量减少。

⑤ 以上答案均不正确。

【解析3】

正确答案③

试着把题中所给出的信息用图表示出来。

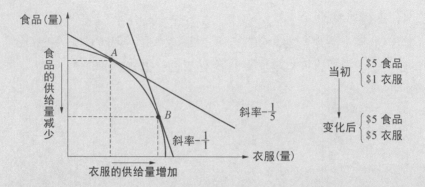

为了更容易理解我们代入数字来解释。我们假设最初食品的价格是5美元，衣服的价格是1美元。这个时候用衣服的价格÷食品的价格=1÷5=1/5。当贸易开始之后，假设食品的价格是5美元，衣服的价格也是5美元。衣服的价格÷食品的价格=5÷5=1。因为我们计算出的两个相对价格1大于1/5，所以图中所画出的等价值线（=预算约束线）的斜率度会变陡。

在图中，贸易开始前，最初的均衡点是A，贸易开始后的均衡点是B。我们通过图像就能看出食品的供给量在减少，衣服的供给量在增加。

因为价格上涨，所以有可能很多人会认为供给也会随之增多，但如果考虑供求关系，当价格上涨，商品就会卖不出去，进而导致供给量减少。但是，在这道题中我们所想的情况是不一样的。要考虑由于衣服需求量增加，衣服价格随之上涨的情况。也就是说，因为想买衣服的人很多，供不应求，那么随之供给量就会增加。

Q：价格上涨，供给量会减少吗（价格↑→供给↓）？

A：随着价格的上升，供给减少的情况。

⌐ 需求：不变

⌐ 供给：价格↑→销售量↓　错误

在这道题上，我们来考虑一下不同的情况。

⌐ 衣服的需求↑　→　（衣服的价格↑）

⌐ 供给：想买衣服的人很多，但是无法实现供给→为了达到贸易均衡状态，需要增加供给量。

例题 4

试着考虑一下在赫克歇尔—俄林模型的框架中，日本和越南生产电脑和衣服，并且进行贸易活动的情况。生产要素是劳动和资本，相对而言日本是资本较为丰富的国家，越南则是劳动力相对丰富的国家。另外，电脑属于资本密集型的商品，衣服则是属于劳动密集型的商品。

在两国进行贸易前，日本和越南分别都有独立的市场。假设日本市场上电脑的价格是1美元，衣服的价格是5美元；在越南市场上，电脑的价格是3美元，衣服的价格是2美元。当两国进行贸易之后，关于两种商品的相对价格（=衣服的价格÷电脑的价格）的可能值，以下选项中正确的是哪个？

① 贸易之后，日本和越南两国的两种商品的相对价格都是3。
② 贸易之后，日本和越南两国的两种商品的相对价格都是6。
③ 贸易之后，日本和越南两国的两种商品的相对价格是1/3。
④ 贸易之后，两种商品在日本的相对价格是6，在越南是1/3。
⑤ 贸易之后，两种商品在日本的相对价格是1/3，在越南是6。

【解析4】

正确答案①

根据赫克歇尔-俄林定理和比较优势的内容，

日　本	越　南
相对而言资本更加丰富	相对而言劳动力更加丰富
出口资本密集型的电脑	出口劳动密集型的衣服
进口劳动密集型的衣服	进口资本密集型的电脑

请试着考虑一下贸易开始后，会发生什么样的变化？

贸易开始前两国各自的市场

日　本	越　南
$P_{PC}=\$1$	$P_{PC}=\$3$
$P_C=\$5$	$P_{PC}=\$2$

等价值线

$1 \times PC+5 \times C=V$	$3 \times PC+2 \times C=V$
↓	↓
$PC=\left(-\dfrac{5}{1}\right)C+V$	$PC=\left(-\dfrac{2}{3}\right)C+\dfrac{1}{3}V$
↑ 相对价格	↑ 相对价格

试着比较

说明一下每个字母所表示的含义:

电脑的生产量:PC

电脑的价格:P_{PC}

衣服的生产量:C

衣服的价格:P_C

生产物的价值:V

试着用电脑的价格来表示衣服的价格,相对而言日本这里的价格就会稍高。因为对于资本丰富的日本来讲,不适合生产劳动密集型的衣服类商品。由于在日本国内几乎很少生产衣服,因此,属于劳动密集型商品的衣服的价格就会更高。

然而,对于劳动力较为丰富的越南来说,因为擅长生产劳动密集型的商品,在越南国内生产衣服较多,因此属于劳动密集型商品的衣服的价格就会随之下降。

在这种情况下,两国开始进行贸易活动。

A ⎰
日本：因为越南高价买入电脑，

→多生产电脑。

→但是国内的资源（劳动力、资本）量是有限的。

→因此，减少衣服的生产，从而得以调配资源。

结果就是：电脑的生产↑　&　衣服的生产↓

越南：因为日本高价买入衣服，

→多生产衣服。

→但是国内的资源有限。

→于是，减少电脑的生产，从而得以调配资源。

结果就是：电脑的生产↓　&　衣服的生产↑

B ⎰
日本：因为越南能够买入电脑（=出口），

电脑的需求增加，因此价格上升。

另一方面，由于进口的衣服的供给增加，因而价格下降。

→日本国内 P_{PC} ↑　&　P_C ↓

越南：因为日本能够买入衣服（=出口），

衣服的需求增加，因此价格上升。

另一方面，由于进口的电脑的供给增加，因而价格下降。

→越南国内 P_C ↑　&　P_{PC} ↓

下一页画出了 A + B 的图像（贸易后）。

1）我们来看一下相对价格（=斜率）的变化。

$$-\frac{5}{1} \begin{matrix} \downarrow \\ \uparrow \end{matrix} \qquad -\frac{2}{3} \begin{matrix} \uparrow \\ \downarrow \end{matrix}$$

随着日本国内 P_{PC} 的上升、P_C 会下降。

所以，相对价格会小于贸易之初的 5（=5/1）。另外，在越南国内随着 P_C 上升，P_{PC} 会下降。所以，相对价格会大于贸易之初的2/3。因此，结果就会落在两个相对价格的中间，比如说3。也就是说，贸易后达到均衡状态时的相对价格的取值范围：2/3＜新的相对价格＜5。只

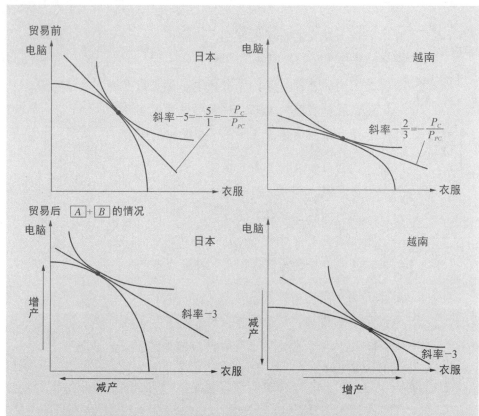

要数值在这个区间内，答案即便不是上述所说的3也可以。

　　另外，在贸易后的均衡状态下，两国的相对价格相同。也就是说，在贸易后的均衡状态下，原来两国各自的市场被统一成了一个市场。只要两国的相对价格不同，在进行贸易活动时就会产生贸易利益。由于相对价格的不同，越南产生了从日本进口电脑的动机。但是这种动机会随着两国相对价格趋于相同而逐渐消失。

参考教材

　　《国际经济学入门》前半部分第4章"资源禀赋与贸易"，华东师范大学出版社

　　《克鲁格曼国际经济学　理论与政策（第10版）上：贸易篇》第5章"资源和贸易：赫克歇尔–俄林模型"第6章"标准贸易模型"，丸善出版

第5章
斯托尔帕-萨缪尔森定理和收入分配
A GUIDE TO INTERNATIONAL ECONOMICS

/目的/

赫克歇尔-俄林模型中指出，当贸易开始之后既有规模扩大的产业也有缩小的产业。在生产过程中，生产要素的提供者发挥着重要作用。随着规模扩大的那一部分产业的生产要素提供者的收益增加时，规模缩小的那部分产业的生产要素提供者的收益就会相应地减少。接下来我们主要学习这部分知识。

在前面的学习中，已经为大家介绍过了关于贸易优惠的思考方式。但其实并不是每个人都能享受到贸易优惠，因此有人就此提出了不赞成的意见。接下来，本章将继续使用赫克歇尔-俄林模型的同时，也要带大家思考那些通过贸易获利与损失的人的情况。

学会区分商品市场和要素市场是学习本章的关键。所谓的商品市场，指的是将生产出的物品（例如电脑）进行买卖的市场。而所谓的要素市场，则指的是在生产过程中必需的生产要素（例如劳动）在交换或流通过程中形成的市场。

当贸易开始后，本国内拥有比较优势的产业将扩大生产，没有比较优势的产业将减小生产。而生产扩大的产业，需要投入更多的生产要素。因此，必须要调配劳动和资本。

比如说，一方面，当电脑产业的规模扩大却缺少资本时，我们必须要调配资本。由于资本需求量的增加，导致资本的价格会上升。另一方面，当缩小衣服产业的规模时，必须要解雇多余的劳动者。由于在劳动市场中存在着非常多的劳动者，在这种劳动力过剩的情况下，只有劳动者的工资被降低时，才有可能会被雇用。

上述变化带来的影响，对于通过劳动来维持生计和通过资本的运作来维持生计的人是不同的。也就是说，即使能够通过贸易去改善社会整体的福利待遇，但是未必每个人都能够得到并享受这种改善。因为既有通过贸易从中获利的人，同时也会有遭受损失的人。

那么，究竟是谁会从中获利，谁又会遭受损失呢？关于这一点，我们可以从斯托尔帕-萨缪尔森定理中得到启发。资本相对丰富的国家开始进行贸易时，虽然能够在资本价格上取得收益，但是劳动力的价格会下降。在这种情况下，通过使用资金赚钱的资本家就会从中获利，但是通过付出劳动赚钱的劳动者就会遭受损失。如果资本家的收入高于劳动者的收入的话，那么贸易就会扩大资本家和劳动者之间的收入差距。

例题 1

我们来考虑一下在赫克歇尔-俄林模型中，从封闭经济转向开放经济（＝贸易开始）的情况。假设生产所必需的生产要素是劳动和资本，劳动者获得工资，资本家获得收益。墨西哥和美国的生产要素禀赋量如下表所示，下述对墨西哥的叙述，哪一个最贴切？

	劳　动	资　本
墨西哥	90	30
美　国	120	80

问题1

① 工资和收益都上升。　　② 工资和收益都下降。

③ 工资上升，收益下降。　　④ 工资下降，收益上升。

⑤ 以上均不正确。

问题2

① 劳动者赞成自由贸易，资本家反对。

② 劳动者反对自由贸易，资本家赞成。

③ 劳动者和资本家都赞成自由贸易。

④ 劳动者和资本家都反对自由贸易。

⑤ 以上均不正确。

【解析1】 ......

问题1　正确答案③

在解析问题之前，我们先来解释一下每个术语。很多同学虽然都明白工资的含义，但是对收益却不太理解。

****

工资：劳动者的收入，劳动所得报酬。例：在工厂中，人在工作。

收益：资本家的收入，资本所赚收益。例：在工厂中，使用机器。

****

如果能够带着这种印象去学习的话，或许对于初学者能够有所帮助。请大家试着思考一下，当生产东西的时候，通过提供劳动（＝体力劳动）获取的报酬是工资，通过提供资金（＝购买机器设备）获取的报酬是收益。当然，即便这样解释，仍旧会有同学不明白收益究竟是什么。那么再简单一点来说，收益就是类似于从银行得到的利息一样的东西。

我们首先需要来判断墨西哥是劳动力丰富的国家还是资本丰富的国家。

[第1步]

我们先来看看每1单位资本所对应的劳动力数量是怎样的。在墨西哥，每1单位资本对应的劳动力数量是3。

	劳　动	资　本	
墨西哥	90	30	90÷30=3

而在美国，每1单位资本对应的劳动力数量是1.5。

	劳　动	资　本	
美国	120	80	120÷80=1.5

[第2步]

比较第1步中算出的3和1.5。因为3大于1.5，所以我们就能说墨西哥比美国，相对而言劳动力更加丰富。

通过上一章所学习过的赫克歇尔-俄林定理的内容，我们可以知道劳动力相对丰富的墨西哥更加适合生产劳动密集型产品，在这种类型产品的生产方面拥有比较优势。因此，劳动密集型产品的产业规模也会扩大。进而对劳动者来讲十分重要的工资也会随之上涨。然而另一方面，在墨西哥生产资本型商品的产业规模就会缩小。因此，资本在墨西哥就变得没有那么重要，进而资本的收益也会下降。

问题2　正确答案①

自由贸易一旦开始，收入分配就会发生变化。对于劳动者而言，工资将会上涨，因而他们就会赞成自由贸易。反之，由于自由贸易带来了资本家的收益下降，因此资本家就会反对自由贸易。

例题 2

请大家试着思考一下赫克歇尔-俄林模型中所讲的从封闭经济到开放经济（＝贸易开始）的事例。为了易于理解，我们假设在生产过程中所必要的生产要素是非熟练劳动力和熟练劳动力。另外，我们假设相对而言美国是熟练劳动力丰富的国家，而墨西哥是非熟练劳动力更加丰富的国家。关于劳动力所得的工资，下面哪一项叙述更为贴切？另外，我们假设在封闭经济的情况下，熟练劳动力比非熟练劳动力的工资更高。

问题1

①美国的熟练劳动力工资上涨，墨西哥的非熟练劳动力工资下降。

②美国的熟练劳动力工资和墨西哥的非熟练劳动力工资均上涨。

③美国的熟练劳动力工资和墨西哥的非熟练劳动力工资均下降。

④美国的熟练劳动力工资下降，墨西哥的非熟练劳动力工资上涨。

⑤以上均不正确。

问题2

①美国的非熟练劳动力工资上涨，墨西哥的熟练劳动力工资下降。

②美国的非熟练劳动力工资和墨西哥的熟练劳动力工资均上涨。

③美国的非熟练劳动力工资和墨西哥的熟练劳动力工资均下降。

④美国的非熟练劳动力工资下降，墨西哥的熟练劳动力工资上涨。

⑤以上均不正确。

问题3

①在美国，贸易扩大了非熟练劳动力和熟练劳动力之间的收入差距。

②在美国，贸易缩小了非熟练劳动力和熟练劳动力之间的收入差距。

③在美国，非熟练劳动力和熟练劳动力之间的收入差距并未受到贸易的影响。

④在墨西哥，贸易扩大了非熟练劳动力和熟练劳动力之间的收入差距。

⑤以上均不正确。

【解析2】

以上的问题全都和斯托尔帕-萨缪尔森定理有关。

问题1　正确答案②

由于美国是相对而言熟练劳动力更加丰富的国家，因此美国在生产熟练劳动力集约型的产品上拥有比较优势。所以熟练劳动力集约型的产品的产业规模将会扩大，对在生产过程中发挥重要作用的熟练劳动力的需求也会增加。这样一来，熟练劳动力的工资就会上涨。

墨西哥是相对而言非熟练劳动力更为丰富的国家，因此墨西哥在生产非熟练劳动力集约型的产品上拥有比较优势。所以非熟练劳动力集约型的产品的产业规模将会扩大，对在生产过程中发挥重要作用的非熟练劳动力的需求也会增加。因此，非熟练劳动力的工资就会上涨。

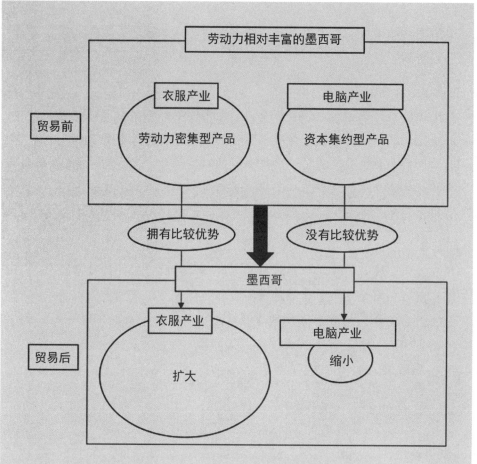

问题2 正确答案③

　　由于美国是相对而言熟练劳动力更为丰富的国家，因此在生产熟练劳动力集约型的产品时拥有比较优势。所以，熟练劳动力集约型产品的产业规模就会扩大，相应地，非熟练劳动力集约型产品的产业规模就会缩小。因此，在美国对非熟练劳动力的需要就会下降，他们的工资也会随之下降。

　　同理，墨西哥相对而言非熟练劳动力更为丰富，因此在生产非熟练劳动力集约型产品时拥有比较优势。所以，非熟练劳动力集约型产品的产业规模会扩大，另一方面，熟练劳动力集约型产品的产业规模会缩小。因此，在墨西哥对熟练劳动力的需要会下降，他们的工资也会随之下降。

问题3 正确答案①

根据问题1和问题2，我们可以知道：在美国，熟练劳动力的工资上涨，非熟练劳动力的工资下降，因此两者的收入差距会变大。

比如说，我们假设在封闭经济下熟练劳动力的工资是80美元，非熟练劳动力的工资是40美元。随着经济的逐渐开放，我们假设熟练劳动力的工资变为100美元，非熟练劳动力的工资变为20美元。这样一来，非熟练劳动力和熟练劳动力之间的收入差距就从40（=80-40）美元扩大到了80（=100-20）美元。

同理，根据问题1和问题2所得出的结论，我们可以知道：在墨西哥非熟练劳动力的工资上涨、熟练劳动力的工资下降，因此两者之间的收入差距会缩小。

| 参考教材 |

《国际经济学入门》前半部分第5章"生产要素市场与收入分配"，华东师范大学出版社

《克鲁格曼国际经济学 理论与政策（第10版）上：贸易篇》第4章"特定要素与收入分配"、第5章"资源与贸易：赫克歇尔俄林模型"、第6章"标准贸易模型"，九善出版

第6章
罗伯津斯基定理和移民的流入

A GUIDE TO INTERNATIONAL ECONOMICS

/目的/

请大家试着思考一下接受移民会对国内的产业造成什么样的影响。移民作为劳动者进入某国，劳动力集约型的产品的生产就会增加，资本集约型产品的生产就会减少。这就是所谓的**罗伯津斯基定理**。接下来我们就来学习这一内容。

伴随着少子和老龄化，发达国家面临着社会保障政策的财政问题。并且随着人口增长率的停滞，长期来看经济发展也会有停滞的风险。在这样的大背景下，接收移民开始作为各国的政策课题被提出，但是另一方面，很多人也担心接受移民会出现种种问题。

在本章，我们通过国际经济学的观点去学习接收移民会产生什么样的影响。罗伯津斯基定理经常被用于分析移民问题。这个定理向我们展示了：当某国的资源量（劳动量和资本量）变化的时候，贸易的方式也会随之发生变化。

我们假设日本接收移民。当移民增加时，国内的劳动者就会随之增加，相应地就会生产出更多的产品。此时，一方面，需要大量劳动者的产品（比如衣服）的生产规模就会增加。另一方面，需要大量资本的产品（比如电脑）的生产规模就会减小。

在这种生产调整的背后，其实是将国内资源进行有效活用的这种思考方式在发挥着作用。为了要有效地利用增加的移民劳动力，就会增加像衣服这种属于劳动密集型产品的生产，但是在生产衣服的过程中资本也是非常有必要的。而这种资本，则需要从资本密集型产品（例如电脑）的生产产业中调配过来。这样一来，资本密集型产品（例如电脑）的生产规模就会减小。

如果想有效利用增加的移民劳动力，通过贸易活动来享受恩惠的话，就需要对现有的资源进行重新分配。在这个重新分配的过程中，既有产业规模扩大的产品，也会有规模缩小的产品。

例题 1

问题1 请大家试着考虑一下赫克歇尔-俄林模型中所讲的生产劳动密集型的衣服和资本密集型的电脑的世界。我们假设从土耳其向德国流入很多移民，根据罗伯津斯基定理，关于德国的叙述，以下哪个选项最正确？

① 衣服的生产增加，电脑的生产减少。

② 电脑的生产增加，衣服的生产减少。

③ 衣服和电脑的生产均增加。

④ 电脑的生产减少。

⑤ 以上均不正确。

问题2 根据罗伯津斯基定理，受到移民流入的影响，德国的报酬会发生什么变化？

① 上涨。

② 下降。

③ 衣服产业的报酬比电脑产业的报酬高。

④ 电脑产业的报酬比衣服产业的报酬高。

⑤ 以上均不正确。

【解析1】

问题1 正确答案①

　　由于移民流入，德国的劳动力会增加。根据罗伯津斯基定理，属于劳动密集型产品的衣服的生产就会增加，资本密集型产品的电脑的生产就会减小。应该有效地活用增加的劳动力，劳动力占重要作用的衣服的生产规模应该增加。

　　下图画出了移民流入前的均衡点A和移民流入后的均衡点B。因为移民流入，德国的国内资源量（＝劳动者数）增加，所以就能够生产出更多的产品，因而生产可能性曲线就会向外侧移动，偏向属于劳动密集型产品的衣服的生产中去。因此，电脑的生产会下降，衣服的生产会增加。

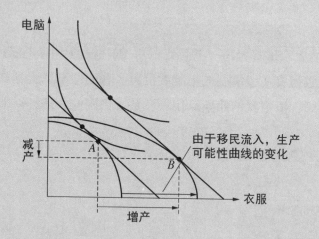

问题2　正确答案⑤

根据罗伯津斯基定理，我们假设当两种商品的生产量发生变化时，它们之间的相对价格也不会改变。因此，图中的2条直线（预算约束线和等价值线重合的直线）的斜率是一样的。并且，我们能够看出来这两条直线是平行的。

一方面，由于有这种假设，我们无法像之前从斯托尔帕-萨缪尔森定理中推论出的那样，通过价格的变化去论述对于工资和收益等要素产生的影响。因为产品的相对价格没有发生变化。

另一方面，根据一般的供需关系的理论，因为移民流入，劳动供给会增加，工资就会下降。这和罗伯津斯基定理所得出的结论截然相反。

根据不同的理论会产生不同的结果，我们要用数据去验证究竟哪种理论可以把现实中存在的问题解释清楚。

| 参考教材 |

《国际经济学入门》前半部分第6章"国际间的要素移动"，华东师范大学出版社

《克鲁格曼国际经济学　理论与政策（第10版）上：贸易篇》第5章"资源与贸易：赫克歇尔俄林模型"、第6章"标准贸易模型"，丸善出版

第7章
贸易政策和社会福利的变化

A GUIDE TO INTERNATIONAL ECONOMICS

/ 目的 /

　　贸易保护不仅曲解了有效的资源分配，和自由贸易相比，还使得社会福利下降。由于各国生产出了拥有比较优势的产品，因而才会有自由贸易带来的恩惠。但是，若是实行保护贸易，增加生产本国没有比较优势的产品的话，就难以实现资源的有效活用。关于这一点，我们在接下来的一章中开始学习。

　　所谓的**保护贸易**是指，为了保护本国商品在国内市场免受外国商品竞争的贸易政策。若要保护国内产业，就要维持国内的雇佣关系。而**关税**则是实行保护贸易政策的重要手段。对进口商品征收税金，提高其价格，虽利于国内生产者，但却不利于国外生产者。若是从国家角度上去考虑的话，实行保护贸易政策虽是极好的，但是媒体对于保护贸易的批判论调却常常有之。

　　本章通过比较自由贸易和保护贸易的社会福利的情况，向大家介绍为什么人们会认为保护贸易政策有很多弊端，进而更加推行自由贸易。

　　我们假设日本对进口食品加征关税。这样一来，国内的食品价格也会随之上升。在此我们认为日本国产和进口的同种商品（比如说鲭鱼罐头）的价格都上升。因为进口的鲭鱼罐头的价格较高，因此日本国内的销售者就会普遍认为国产鲭鱼罐头即使是高价也能够卖出去。这样一来，食品（鲭鱼罐头）的生产就会增加。现在售价100日元的食品，加上关税后就变成了120日元。乍一看会让人以为是商品本身的价值上升了。

　　但是这种生产方式并没有有效地利用国内的资源。因为只有各个国家在生产比较擅长（拥有比较优势）的产品，并使其进行自由贸易时才会产生好处。

　　可是当导入关税政策后，比如说日本，即使是不擅长生产食品，但仍会增加食品的生产量。也就是说，对食品加征关税以后会导致相比进行自由贸易

（加征关税之前）的时候生产更多的食品。

这样一来，通过自由贸易达成的对资源进行的有效分配就被曲解了。因此，与自由贸易相比，实行保护贸易政策，社会福利其实是有所下降的。

例题 1

韩国对进口电脑加征关税，但是之后又将这个关税的税率降低。假设韩国的贸易量的变化不受国际市场各个价格因素所影响（＝小国假设）。并且，我们认为韩国产的电脑和外国产的电脑质量是一样的。以下选项中哪个记述是最正确的。

① 消费者和韩国国内电脑的生产者对此都很满意。
② 消费者对此很赞成，但韩国国内电脑的生产者对此并不满意。
③ 消费者和韩国国内电脑的生产者对此并不满意。
④ 消费者对此不满意，但韩国国内电脑的生产者对此很满意。
⑤ 以上均不正确。

【解析1】

正确答案②

有很多初学者不禁会问关税究竟是什么。为了能让大家理解关税的含义，在这里先举一组数列为例供大家参考。

1. 不进行贸易的情况

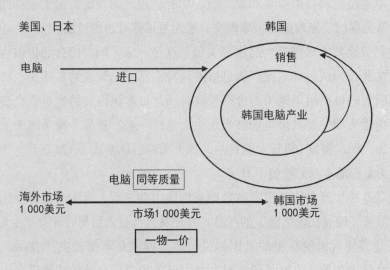

韩国要从国外进口电脑。我们假设电脑的品质都是一样的，韩国产电脑和外国产电脑售价均是1 000美元，并且忽略运输费用。对此，同样的产品无论在哪个市场都被售以同样的价格，这被称为一物一价。

2.50%关税的情况

如果要是对进口的电脑加收50%的关税的话，进口电脑的售价就会变成1 500美元。加收这种关税，是为了保护本国内的电脑产业在市场上免于受到进口电脑的竞争。

如果加收50%的关税，那么韩国产的电脑售价也会变为1 500美元。因为和进口电脑的质量一样，所以售价也一样。像这样，在加收关税的情况下，当外国产的电脑比较便宜时，与其竞争的韩国产的电脑无须降价也能够卖出去。韩国政府通过出台关税政策来帮助韩国的电脑产业。这种政策就被称为**保护贸易**。

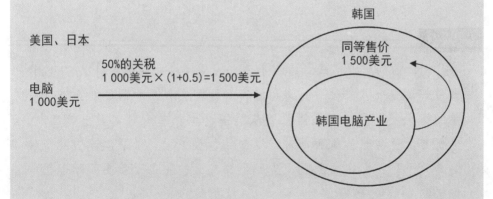

3.关税下降25%的情况

关税从50%下降到25%的话，进口电脑的售价就从1 500美元变到了1 250美元。因此，韩国产的电脑的售价也相应地变为1 250美元。由于电脑价格下降，对于韩国电脑产业来讲并不是好事，但是对于消费者而言，能够买到便宜的电脑所以会很开心。

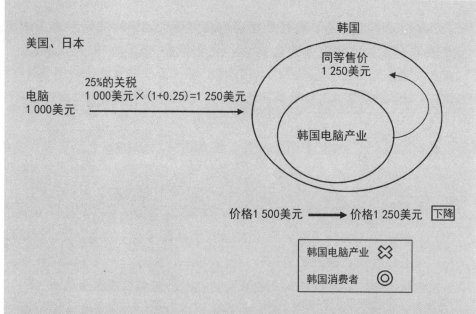

理解了关税的含义之后，接下来请大家试着来解答其他问题吧，会有一点复杂。

例题2

和之前一样，试着考虑一下两个国家两种商品的赫克歇尔-俄林模型。我们来考虑一下美国和墨西哥两国在食品和钢铁的生产及贸易的情况。我们假设墨西哥要从美国进口食品，向美国出口钢铁。进行自由贸易时，墨西哥对进口食品加收关税。以下叙述中最正确的是哪个？我们在这里假设墨西哥贸易量的变化不会使国际市场的价格波动（＝小国假设）。

问题1

① 墨西哥的社会福利会有所提高。

② 墨西哥的社会福利会下降。

③ 墨西哥的社会福利不会发生变化。

④ 墨西哥和美国的社会福利都会有所提高。

⑤ 以上均不正确。

问题 2

① 钢铁出口减少。

② 钢铁出口增加。

③ 钢铁出口不变。

④ 资源被有效地使用。

⑤ 以上均不正确。

【解析 2】

问题 1   正确答案②

问题 2   正确答案①

为了让大家易于理解，我们使用一组数据供大家思考。

1. 自由贸易

首先，我们假设在进行自由贸易时，食品的价格是 10 美元，钢铁的价格是 50 美元。如下图所示。

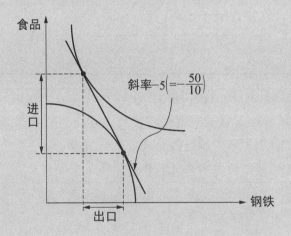

2. 关税是 150% 的情况

如果加收 150% 的关税的话，在国际市场上销售的食品的价格仍然是 10 美元，而墨西哥国内的售价则会变为 25 美元。另外，钢铁的售价仍然是 50 美元没有改变。后图所示内容分别为：① 等价值线；② 预算约束线；③ 出口金额=进口金额。

到现在为止我们大家一起画过的预算约束线，大多都是平行于等价值线，但比等价值线略向外侧偏移的位置，这表明了更高的购买力。在这个模式中，我们假设把关税的收入再分配给消费者。另外，虚线③表示将出口所赚得的钱用于进口，斜率是−5，表示国际市场的相对价格比。这个假设虽然之前在进行自由贸易时就设定了，但是由于国内市场的价格比和国际市场的价格比相同，因此虚线③的斜率和等价值线与预算约束线相同，在这里只画出了一条。

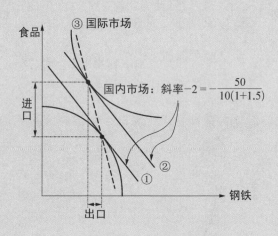

3. 比较自由贸易和关税

将自由贸易和加收关税的情况用图表示出来，如下图所示。F 指的是自由贸易，T 表示关税。D 表示最优的消费组合，S 表示最优的生产组合。U 表示不同情况下的社会福利。

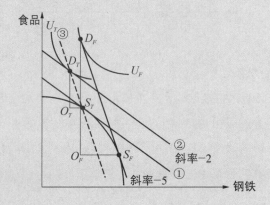

关于问题1，因为U_F比U_T更偏向右上方，因此我们就能理解实行自由贸易的时候社会福利更高。而导入关税，则会使社会福利变得更加恶化。

关于问题2，比较进行自由贸易时的贸易三角形$\triangle O_F D_F S_F$和加收关税后的贸易三角形$\triangle O_T D_T S_T$，可以发现加收关税后三角形面积变小。因此我们就不难理解，加收关税后，贸易量会下降。

由于对进口食品加收关税，因此价格上涨的食品的进口量就会减少。这种情况下为什么钢铁的出口也会减少呢？因为对食品加收关税，导致国内食品价格上涨。因此墨西哥国内就开始生产更多的食品。这样造成的结果就是国内资源从生产钢铁转移到了生产食品上，因此钢铁的生产就会减少。导入关税后，对资源的有效分配的原本含义其实是被曲解了。

有效的资源分配无法实现，贸易规模变小。和进行自由贸易时相比，享受的贸易恩惠就会减少。因而也就不难理解为何导入关税后，社会福利有所下降了。

参考教材

《国际经济学入门》前半部分第7章"保护贸易"，华东师范大学出版社

《克鲁格曼国际经济学　理论与政策（第10版）上：贸易篇》第9章"贸易政策的工具"、第10章"贸易政策中的政治经济学"、第11章"发展中国家的贸易政策"，九善出版

第8章
技术进步和贸易条件的变化

A GUIDE TO INTERNATIONAL ECONOMICS

/目的/

当某个国家的贸易量的调整会进而影响到国际市场的价格时，在国际经济学中我们便会称其为**大国**。在考虑大国的贸易政策时和**小国**就完全不同。因为当大国实行保护贸易时，有可能产生利大于弊。接下来我们就相关内容开始学习。

本章主要围绕适用于讨论大国的政策效果的思考方式进行学习。和考虑小国时的不同之处在于，大国贸易量的调整会影响国际市场的价格。

为了分析对价格的影响，我们导入了贸易条件这一概念。所谓贸易条件，是指一个国家在一定时期内出口商品价格与进口商品价格之间的比例关系，即价格比。

当大国调整其贸易量时，贸易条件就会随之发生改变，因而国家的购买力也会相应发生变化。这样一来导致的结果就是会进而影响国家的社会福利。

这个机制十分简单。本章会用到赫克歇尔-俄林模型，用出口所赚的钱去进口商品。

此时，当出口的商品的相对价格上涨时，这个国家的购买力会变成什么样呢？

当这个国家出口和往常一样数量的商品时，就能够进口更多的商品。简单来说，当出口的商品的相对价格上涨时，国家的购买力也会随之上涨，此时这个国家就会变得非常富裕。随之而来的就是能够消费更多的商品，消费者消费能力就会随之提升。

因此，就会有人觉得出口的商品的价格上涨对国家而言是好事。相反，若是进口的商品的价格上涨时，国家的福利就会下降，从而成了坏事。

这种想法如果放在政策层面考虑的话，就是说大国应该实行对本国贸易条件有利（提高出口商品的价格）的保护贸易政策。因为这样能够改善社会福利。

这和我们上一章学过的推行自由贸易不同，大家反而更愿意推行保护贸易。

另外与此相关的是，我们也要去考察技术进步的效果。当出口产业中出现了技术的进步，那它就会产生非常复杂的影响。因为由于可以低价生产，贸易条件就会随之恶化。在技术的进步和贸易条件的恶化中不断相互平衡的过程中，最终使得社会福利得以发生变化。

例题 1

根据赫克歇尔-俄林模型，请大家试着考虑一下生产食品和电脑两种商品的世界。我们认为食品是劳动密集型商品，电脑是资本密集型商品。而美国是相对而言资本较为丰富的国家，墨西哥则是劳动相对丰富的国家。

美国国内产生了利于生产的技术进步，因而电脑产业得以快速发展，但另一方面食品产业却出现了衰退迹象。我们假设墨西哥是美国的食品贸易出口国，以下叙述正确的是哪个？

问题1

① 墨西哥的贸易条件已经恶化。　② 墨西哥的贸易条件已经改善。

③ 两国的贸易条件没有变化。　④ 食品的相对价格会下降。

⑤ 以上均不正确。

问题2　关于美国和墨西哥两国的社会福利，应该如何去评价？

【解析1】

问题1　正确答案②

根据赫克歇尔-俄林定理我们可知，美国出口的商品是电脑。此时美国的**贸易条件**则是：美国的出口商品的价格÷进口商品的价格，而这个数值则越大越好（关于这个理由可以参考问题2的解析）。

为了能让大家易于理解，我们用一组数值来表示。一方面，我们假设电脑的价格是2美元，食品的价格是1美元。当初的贸易条件是2（=2/1）。此时美国的社会福利如下图①所示。

由于产生了对电脑生产有利的技术进步，因此就能够生产更多的电脑。如此一来，电脑的出口就会增加，其价格会下降。我们假设此时的电脑的价格变成了1美元，而此时的贸易条件则变成了1（=1/1）。由此我们可以看出美国的贸易条件从2变成了1，情况有所恶化。此时的美国的社会福利如下图②所示。

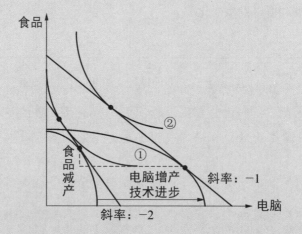

另一方面，墨西哥出口食品。和上文同理，我们假设电脑的价格是2美元，食品的价格是1美元，墨西哥的贸易条件是1/2。此时墨西哥的社会福利则表示为下图中的①。

由于美国产生了利于电脑生产的技术进步，因此电脑的价格变成了1美元，此时墨西哥的贸易条件则变成了1（=1/1）。我们可以看出墨西哥的贸易条件从1/2变成了1，情况得以改善。此时墨西哥的社会福利如下图②所示。

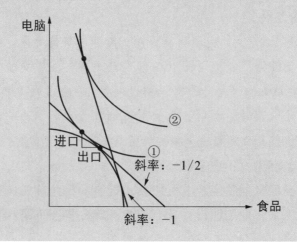

问题2　我们假设用出口所赚得的钱去进口商品。此时当出口商品的相对价格上涨，若是出口和原来同等数量的商品，那么相应地就能够进口更多的商品。因为当出口商品的相对价格上涨时，这个国家的购买力就会提高。由于进口商品的数量增加，将从前难以进行消费的商品进行组合使之能够消费，这样一来就提高了消费者的消费能力。

在墨西哥的图中我们可以看到上述内容的样子。看图我们就能明白社会福利从①变成了②，情况得以改善。

另外，对于美国的情况，由于要考虑两种相反效果，所以就会稍微复杂。首先一点，贸易条件的恶化是劣势。但是另外一点，技术进步是优势。图中画出了后者的优势超过了前者的劣势，因此社会福利从①变成了②，情况得以改善。但是一旦当前者的劣势超过了后者的优势时，社会福利下降的可能性也会出现。

例题 2

关于关税政策的影响，以下叙述中最正确的是哪个？

① 加征关税，这个国家的社会福利必然恶化。

② 利用关税保护贸易，这个国家的社会福利一定会有所改善。

③ 国际经济学中所讲的大国若是加征关税，那么此国的社会福利有可能得以改善。

④ 若是想利用关税去改善社会福利，国际经济学中的大国就要提高关税率。

⑤ 国际经济学中所讲的小国如果降低关税率，此国的社会福利也会得以改善。

【解析2】

正确答案③

无论是大国抑或是小国，当增加关税以后，国内有效的资源分配将难以实现，社会福利也会恶化（效果A）。但是大国可以通过贸易条件的变化使得社会福利得以改善（效果B）。因此，当大国的（B）的效果大于（A）时，社会福利就会得以改善。然而对于贸易条件没有变化的小国来讲，则不会发生B效果。

我们知道即使大国不把关税率设定得非常高，B效果也会大于A效果（**最优关税理论**）。但是这种政策是在牺牲对方国家利益的基础上成立的，因此往往会掺杂着复杂的政治问题。

参考教材

《国际经济学入门》前半部分第8章"大国的政策"，华东师范大学出版社

《克鲁格曼国际经济学 理论与政策（原书第10版）上：贸易篇》第5章"资源与贸易：赫克歇尔俄林模型"、第9章"贸易政策的工具"、第10章"贸易政策中的政治经济学"、第11章"发展中国家的贸易政策"，九善出版

第9章
新贸易理论和规模经济

A GUIDE TO INTERNATIONAL ECONOMICS

/目的/

本章我们并不是学习像食品和电脑这种在不同商品之间进行交易的**产业间贸易**，而是要学习类似于宝马和丰田、本田这种虽属于同种商品（汽车）但却实行着不同种类交易的**产业内贸易**。

本章我们会学习全新的贸易理论。迄今为止我们所学过的贸易理论都是将重点放在了国家间的差异上。比如说，李嘉图模型认为各个国家的技术力不同，而赫克歇尔-俄林模型则认为各个国家的资源禀赋量是不同的。

由于国家之间存在着差异，因此在生产上就会有擅长和不擅长之分。比如我们假设某个国家比较擅长生产电脑，不擅长生产农作物。通过前面的学习，我们知道为了改善这种情况，要通过贸易去平衡擅长领域和不擅长领域的产品生产，以此来提高社会福利。

贸易论重视各个国家间的差别，这并没有错。然而，现实中发达国家间的贸易占据了多数，考虑到这一点，就会显得较为不便。之所以这么说，是因为发达国家间的资源禀赋存量及技术力较为相似，彼此间都是对同种类的商品进行贸易。

比如说日本和欧洲之间，日本向欧洲出口诸如丰田和本田这些品牌的汽车，进口例如大众或是宝马在内的汽车。像这种同一产业（这里指汽车产业）内的贸易被称为产业内贸易。如果用我们迄今为止学过的贸易理论的话是无法解释清楚其中的学问的。

新贸易理论适用于去解释产业内贸易情况。虽然被称作新的贸易理论，但其出现得也并不突然。无论是在李嘉图模型还是赫克歇尔-俄林模型中，进行贸易比不进行更有好处这一点是不曾改变的。只是在解释其理由时不太相同而已。

与其一个国家生产多种商品，不如集中生产一种商品，这样不仅能够有效活用有限的资源（劳动力），也能够将其进行大量生产（称为规模经济）。经过大量生产后，将其出口至国外，用以交换其他种类的商品，这样一来就能够形成多种商品进行更多消费的局面了。

单纯考虑日本的情况的话，经过这样的贸易，日本国内就不仅仅只有日本品牌的汽车，也会有外国品牌的汽车出现，人们就能够有更多的选择，这也就是说能够享受到贸易的优惠了。

例题 1

请大家来考虑一下日本和美国生产水果（西瓜或者是哈密瓜）的情况。我们假设两国在生产水果时的技术水平如下表所示的那样。为了使问题简单化，我们假设在生产过程中只需要劳动力这一种生产要素。

生产西瓜或者哈密瓜	生产所必要的劳动力数量
1千克	12人
2千克	20人
3千克	24人
4千克	28人
5千克	32人
6千克	36人
7千克	40人

两国分别拥有40人的市民劳动力。我们假设这些市民同样也是消费者，消费相同数量的西瓜和哈密瓜（两国各消费两千克）。如果只吃西瓜会腻，只吃哈密瓜也是同样的。消费者偏好将两者平衡。在这样的设定之下，请大家试着回答以下问题。并且我们假设两国的市场规模、消费者的爱好、生产技术水平都是相同的。

问题1 关于两国的生产技术，以下哪个选项是正确的。

① 规模收益不变　　② 规模收益递增　　③ 规模收益递减

问题2 不进行贸易（＝封闭经济）的情况下，满足消费者的喜好的同时为了尽可能地消费更多的水果，西瓜和哈密瓜分别应该生产几千克比较合适呢？

① 日本和美国都应该分别生产2千克西瓜和2千克哈密瓜。

② 日本和美国都应该分别生产3千克西瓜和1千克哈密瓜。

③ 日本生产7千克哈密瓜，美国生产7千克西瓜。

④ 日本生产7千克西瓜，美国生产7千克哈密瓜。

⑤ 日本生产5千克西瓜，美国生产3千克哈密瓜。

问题3 两国分别在生产哪种水果时拥有比较优势？

① 日本生产西瓜时有比较优势。

② 日本生产哈密瓜时有比较优势。

③ 日本生产西瓜和哈密瓜时都有比较优势。

④ 美国生产哈密瓜时有比较优势。

⑤ 以上均不正确。

问题4 假设日本只生产（＝完全专业化）西瓜，美国只生产哈密瓜的情况，两国分别最多能够生产多少千克？

① 日本生产2千克西瓜，美国生产2千克哈密瓜。

② 日本生产3千克西瓜，美国生产6千克哈密瓜。

③ 日本生产6千克西瓜，美国生产3千克哈密瓜。

④ 日本生产7千克西瓜，美国生产7千克哈密瓜。

⑤ 日本生产5千克西瓜，美国生产3千克哈密瓜。

问题5 进行了问题4所讲的生产之后，两国进行贸易。假设1千克西瓜能够交换1千克哈密瓜。和封闭经济的情况相比，哪个国家能够享受贸易优惠？

① 只有日本　　　　　　　　② 只有美国

③ 日本和美国　　　　　　　④ 以上均不正确

问题6 在问题4中我们假设了日本只生产西瓜，而美国只生产哈密瓜的情况。如果日本只生产哈密瓜，美国只生产西瓜时，问题5的答案会发生怎样的改变？

① 只有日本　　　　　　　　② 只有美国

③ 日本和美国　　　　　　　④ 以上均不正确

问题7 假设能够进行贸易，为了消费更多的水果，两国应该如何生产水果？

① 日本生产西瓜，美国生产哈密瓜。

② 日本生产哈密瓜，美国生产西瓜。

③ 日本生产西瓜和哈密瓜。

④ 美国生产西瓜和哈密瓜。

⑤ 以上均不正确。

【解析1】

问题1　正确答案②

　　根据表可知，生产1千克的水果需要12名劳动者。如果将劳动者增加两倍至24人，那么就可以生产3千克的水果。因为如果将生产所需要的劳动者数量增加至两倍时，生产力就可以提高至2倍以上，这就相当于**规模收益递增**。农场需要某种程度的初期投入，随着生产规模的不断扩大，生产量也会随之增加。

问题2　正确答案①

　　为了要满足市民的消费需要，在生产相同数量的西瓜和哈密瓜时，无论是哪个国家都需要把40人的劳动者分开，让20人去生产西瓜，剩下的20人去生产哈密瓜。因此，无论是哪个国家，都能够生产2千克的西瓜和2千克的哈密瓜。

问题3　正确答案⑤

　　无论生产哪种水果时都没有比较优势。因为两国生产技术水平相同，无论是日本还是美国，在技术层面根本不存在擅长生产某一种特定的水果。

问题4　正确答案④

　　日本的40名劳动者全部生产西瓜的话可以生产7千克，美国的40

名劳动者如果全部生产哈密瓜的话也可以生产7千克。

问题5　正确答案③

　　封闭经济与开放经济相比，由于两国受到贸易的影响，水果的消费量会增加，所以两国都能享受贸易优惠。从这一点我们可以知道，与不进行贸易相比，进行贸易活动时更好。

【封闭经济】

　　由于在自给自足的封闭经济环境下（生产量＝消费量），可以消费2千克西瓜和2千克哈密瓜。

	西　瓜	哈　密　瓜
日本	2	2
美国	2	2

【开放经济】

　　在只生产西瓜或哈密瓜的情况下两种水果的产量均是7千克。

	西　瓜	哈　密　瓜
日本	7	0
美国	0	7

　　当日本把3.5千克的西瓜出口给美国，再从美国进口3.5千克的哈密瓜时，两国均可消费3.5千克的西瓜和哈密瓜。

	西　瓜	哈　密　瓜
日本	3.5	3.5
美国	3.5	3.5

　　让我们来试着比较一下封闭经济下的消费量和开放经济下的消费量。日美两国水果的消费量都会从2千克增加至3.5千克。

	贸 易 前		贸 易 后	
	西 瓜	哈密瓜	西 瓜	哈密瓜
日本	2	2	3.5	3.5
美国	2	2	3.5	3.5

问题6　正确答案③

答案不变。

【开放经济】

在只生产西瓜或哈密瓜的情况下两种水果的产量均是7千克。

	西 瓜	哈 密 瓜
日本	0	7
美国	7	0

当日本向美国出口3.5千克的哈密瓜，再向美国进口3.5千克的西瓜时，两国均可消费3.5千克的西瓜和哈密瓜。

	西 瓜	哈 密 瓜
日本	3.5	3.5
美国	3.5	3.5

试着比较封闭经济环境下的消费量和开放经济时的消费量。日中两国水果的消费量都会从2千克增加至3.5千克。

	贸 易 前		贸 易 后	
	西 瓜	哈密瓜	西 瓜	哈密瓜
日本	2	2	3.5	3.5
美国	2	2	3.5	3.5

比起一个国家既生产西瓜又生产哈密瓜，不如让一国只生产一种水果，而后将其和另一种水果进行交换，这样一来，就能够进行更加有效的消费活动。这是由于规模增大收益也会随之递增。和生产两种水果相比，只生产一种水果，使得有限的劳动得到有效的利用，就能完成大量的生产。然后，将其与国外生产的其他水果进行交换，这样一来就能够消费更多的水果了。

问题7 正确答案⑤

无论是特定化生产哪种水果结果都不变。因此，有一种解释是说，特定化的模式其实是被历史上的偶然所决定的。

例题2

试着考虑一下日本和美国生产水果（西瓜或是哈密瓜）的世界。我们假设两国在生产水果时的技术水平如下表所示。为了使问题更加简单化，我们假设在生产过程中必需的生产要素只有劳动力。

生产西瓜或者哈密瓜	生产时必要的劳动者数量
1千克	12人
2千克	24人
3千克	36人
4千克	48人
5千克	60人
6千克	72人
7千克	84人

两国分别拥有48人的市民劳动力。我们假设这些市民同样也是消费者，消费相同数量的西瓜和哈密瓜（两国各消费2千克）。如果只吃西瓜会腻，只吃哈密瓜也是同样的。消费者偏好将两者平衡。在这样的设定之下，请大家试着回答以下问题。并且我们假设两国的市场规模、消费者的爱好、生产技术水平都是相同的。

问题 1 关于两国的生产技术，以下哪个选项是正确的。

① 规模收益不变　　　　② 规模收益递增　　　　③ 规模收益递减

问题 2 不进行贸易（＝封闭经济）的情况下，满足消费者的喜好的同时为了尽可能地消费更多的水果，西瓜和哈密瓜分别应该生产几千克比较合适呢？

① 日本和美国都应该分别生产 2 千克西瓜和 2 千克哈密瓜。

② 日本和美国都应该分别生产 3 千克西瓜和 1 千克哈密瓜。

③ 日本生产 7 千克哈密瓜，美国生产 7 千克西瓜。

④ 日本生产 7 千克西瓜，美国生产 7 千克哈密瓜。

⑤ 日本生产 5 千克西瓜，美国生产 3 千克哈密瓜。

问题 3 假设日本只生产（＝完全专业化）西瓜，美国只生产哈密瓜的情况，两国分别最多能够生产多少千克？

① 日本生产 2 千克西瓜，美国生产 2 千克哈密瓜。

② 日本生产 3 千克西瓜，美国生产 6 千克哈密瓜。

③ 日本生产 6 千克西瓜，美国生产 3 千克哈密瓜。

④ 日本生产 7 千克西瓜，美国生产 7 千克哈密瓜。

⑤ 日本生产 4 千克西瓜，美国生产 4 千克哈密瓜。

问题 4 在经过问题 3 的生产之后，两国进行贸易，我们假设 1 千克西瓜能够交换 1 千克哈密瓜。那么和封闭经济相比，哪个国家能够通过贸易享受到优惠呢？

① 只有日本　　　　　② 只有美国

③ 日本和美国　　　　④ 两国都不享受

【解析 2】

问题 1　正确答案①

　　根据该表我们可知生产 1 千克的水果需要 12 人的劳动力。当劳动者的数量增加 2 倍至 24 人时，就能够生产 2 千克的水果。因为生产必需的劳动者数量增加至 2 倍，相应的生产量也会随之增加 2 倍。这就相当于**规模收益不变**。

问题2 正确答案①

为了要满足市民的消费需要，在生产相同数量的西瓜和哈密瓜时，无论是哪个国家都需要把48人的劳动者分开，让24人去生产西瓜，剩下的24人去生产哈密瓜。因此，无论是哪个国家，都能够生产2千克的西瓜和2千克的哈密瓜。

问题3 正确答案⑤

日本的48名劳动者能够生产4千克西瓜，美国的48名劳动者能够生产4千克哈密瓜。

问题4 正确答案④

封闭经济与开放经济相比，由于两国在贸易后水果的消费量都没变，所以两国都未能享受到贸易优惠。从这一点我们可以知道，当不进行贸易时也不会有所损失。像例题一样，当不产生大规模的经济时，贸易优惠也无法实现。

【封闭经济】

在自给自足的封闭经济（生产量＝消费量）下，能够消费2千克西瓜和2千克哈密瓜。

	西 瓜	哈 密 瓜
日本	2	2
美国	2	2

【开放经济】

当专业化生产水果时，西瓜的产量是4千克，哈密瓜的产量也是4千克。

	西 瓜	哈 密 瓜
日本	4	0
美国	0	4

当日本向美国出口2千克西瓜，再向美国进口2千克哈密瓜时，日

美两国能够消费2千克西瓜和2千克哈密瓜。

	西　瓜	哈　密　瓜
日本	2	2
美国	2	2

| 参考教材 |

《国际经济学入门》前半部分第9章"产业内的贸易和政策",华东师范大学出版社

《克鲁格曼国际经济学　理论与政策(第10版)上:贸易篇》第7章"外部规模经济和国际生产布局",丸善出版

第10章
战略贸易论和纳什均衡

A GUIDE TO INTERNATIONAL ECONOMICS

/目的/

在本章我们来学习求取**纳什均衡**的方法，这是战略贸易论中一个非常重要的概念。先假设对方的行动，然后自己采取最优行动。能够诱导自己的行动发生变化的因素都没有时，我们将这个状态称为纳什均衡。

本章选用了博弈论中的战略贸易论这一方法。由于要考虑到和本国以外的国家的关系，因此本章所学的模型内容和之前所学的内容将会完全不同。再进一步地说，我们要对对方国家所采取的政策（即战略）进行预测，进而再去决定本国应该采取的政策。这一点是和我们之前所学过的李嘉图模型及赫克歇尔-俄林模型的最大区别。

对于从未学过博弈论的人来讲，战略这一概念或许是第一次听说。为了更加易于理解战略这一概念，我们选取企业作为例子进行解释。我们假设本田汽车独自占据着市场。这个时候为了使公司利益最大化要生产多少台汽车是根据本田公司自身的产量所决定的。如果能知道每个价格区间相应地有多少人想要买车的话，就能够考虑到生产所必要的费用，进而决定最合适的生产量。

然而，由于存在着像丰田、日产这样的对手公司，因此情况就会有所改变。当一家公司独占市场时，为了达到利润最大化的生产量，价格就会被设定得很高。但如果是这样的价格设定的话，客人就会被丰田和日产公司抢走。因此，此时就需要去了解丰田和日产公司的动向。也就是说，根据对手公司采取的生产战略的不同，本公司的最优生产量也会因此而发生变化。

再来举一个日常生活中常见的例子：剪刀石头布的游戏。出拳头说起来是最优战略（＝必胜法），但实则不然。根据对方所出的内容不同，自己的最优战略也会随之改变。

在考虑国家的贸易政策时也是同样的道理。战略贸易论中，为了导入对方国家的战略讨论，根据对方国家所采取的战略，来调整本国的战略，进而使其成为本国的最优贸易政策。这是学习战略贸易论时非常重要的一点。

这样一来，我们在前面所学过的结论（应该选择自由贸易），也会出现不成立的可能性。因为当我们不能信任对方国家时，就有可能选择保护贸易。

例题 1

我们假设美国和加拿大进行贸易，两国均有实行自由贸易和保护贸易的选项。

加拿大

		自由贸易	保护贸易
美国	自由贸易	4, 4	0, 5
	保护贸易	5, 0	2, 2

上述表格中，每个单元格的第一个数字表示的是美国的所得利益，第二个数字表示的是加拿大的所得利益。我们假设在美国选择自由贸易、加拿大选择保护贸易的情况下，美国的所得利益是0，而此时的加拿大由于享受到了保护贸易的优惠，因此所得利益是5。

当两国同时决定各自国家的政策时，无论是美国政府抑或是加拿大政府，对于对方国家的政策选择均不知晓。

问题1　无论是哪个国家都想使本国的利益最大化，此时应该采取怎样的政策组合才能够达到纳什均衡状态呢？

① 美国保护贸易，加拿大保护贸易。

② 美国保护贸易，加拿大自由贸易。

③ 美国自由贸易，加拿大保护贸易。

④ 美国自由贸易，加拿大自由贸易。

⑤ 以上均不正确。

问题2　当某个国家（比如说美国）从纳什均衡状态的政策（比如说实行保护贸易），改变到另一个政策（比如说实行自由贸易），对这个国家的利益来讲会发生怎样的变化？

问题3　两国若是同时选择自由贸易政策的话，这种状态能否维持下去？如果无法维持此状态，请试着考虑一下理由。

① 能维持。

② 不能维持。

③ 以上均不正确。

【解析1】

问题1　正确答案①

首先，我们从美国的最优政策上来考虑。美国的最优政策会随着加拿大政策的改变而发生改变。因此，我们必须要把加拿大实行的政策分成自由贸易和保护贸易去考虑。

① 假设加拿大选择了自由贸易，那么下图中表示加拿大选择保护贸易的那一列的数据就可以无须考虑，只需考虑加拿大选择自由贸易的那一列数据即可。此时，美国若是选择自由贸易，所得利益将会是4，若是选择保护贸易，所得利益则会变成5。为了使得本国利益最大化，美国此时应该选择保护贸易政策。

加拿大

美国		自由贸易	
	自由贸易	4,	4 ←
	保护贸易	5,	0 ←

② 假设加拿大选择了保护贸易，下图中表示加拿大选择自由贸易的那一列数据就可以无须考虑，只需考虑加拿大选择保护贸易的那列数据即可。此时，美国若是选择自由贸易，所得利益将会是0，而若是选择保护贸易，所得利益则会变成2。为了使得本国利益最大化，美国此时应该选择保护贸易政策。

加拿大

美国		保护贸易	
	自由贸易	0,	5 ←
	保护贸易	2,	2 ←

接下来，我们来考虑一下加拿大的最优政策。加拿大的最优政策也是会随着美国政策的改变而发生改变。因此，和刚刚分析的方法一样，我们必须要把美国实行的政策按照自由贸易和保护贸易的方式分开去考虑。

③ 我们首先来考虑美国选择自由贸易政策的情况。此时就无须考虑下图中美国实行保护贸易时的那一行数据了。加拿大若是选择自由贸易的话，能够得到的利益是4，若是选择保护贸易的话，所得利益将会变成5。为了能够使得本国利益最大化，加拿大应该选择实行保护贸易政策。

加拿大

美国		自由贸易		保护贸易	
	自由贸易	4,	④	0,	⑤

④ 假设美国若是选择保护贸易政策的话，此时就无须考虑下图中美国实行自由贸易时的那一行数据了，只需考虑美国实行保护贸易时的那行数据即可。此时，加拿大若是选择自由贸易的话，能够得到的利益是0，若是选择保护贸易的话，所得利益将会变成2。为了能够使得本国利益最大化，加拿大应该选择实行保护贸易政策。

加拿大

美国		自由贸易		保护贸易	
	保护贸易	5,	⓪	2,	②

像这样两个国家都选择了保护贸易这种战略上的最优政策，此时的状态就会被称为达到了**纳什均衡**。

问题2　美国在纳什均衡状态下选择了保护贸易政策，此时所获得的利益为2。如果此时加拿大仍然保持着实行保护贸易，而美国变更成自由贸易的话，那么美国所得利益就会下降到0。同理，如果加拿大在纳什均衡状态下选择了保护贸易政策的话，此时所获利为2。如果这个时候美国仍然维持着保护贸易政策，加拿大变更成为自由贸易政策，此时加拿大所得的利润就会变为0。

若是不存在能够令两国贸易政策发生改变的因素时，这个状态就被称作纳什均衡。在纳什均衡的状态下，如果改变本国的政策，就不会再享受优惠。

问题3　正确答案②

在这道题的设定下，自由贸易是无法维持的。因为有人会认为：若是美国和加拿大最终都选择保护贸易的话，两国所得的利益都会是2。但是，若是选择自由贸易的话，两国的所得利益就会超过4。因此，若是此时还实行保护贸易的话不是会很奇怪吗？

那么，为什么此时自由贸易并不是最优的政策呢？若是两个国家都实行自由贸易的话，确实能够得到4的利益。但是，此时无论是哪个国家都没有要坚持实行自由贸易的理由。

比如说，我们假设加拿大变成了保护贸易，此时加拿大的利益就会从4增加至5。因此加拿大就不会再执着于实行自由贸易，而是会选择实行保护贸易。

加拿大

美国		自由贸易	保护贸易
	自由贸易	4,　④	0,　⑤

如果能预测出加拿大会改变策略，变成保护贸易的话，美国与其

坚持自由贸易，同样也改变成保护贸易的话会得到更高的利益。如果加拿大变成了保护贸易，而美国继续实行自由贸易的话，此时美国所得利益是0。但当美国也改变成保护贸易时，所得利益会变成2。

	加拿大		
		保护贸易	
美国	自由贸易	0,	5
	保护贸易	2,	2

若是两国都选择保护贸易，所得到的结果就是：获得比自由贸易更低的利益。

如果把改变战略的对象换成美国，也是同理。开始时两国都选择自由贸易，而后假设美国改变成了保护贸易，此时美国所得的利益会从4增加至5。因此，美国就不会拘泥于自由贸易，而是会变成保护贸易。

	加拿大		
		自由贸易	
美国	自由贸易	4,	4
	保护贸易	5,	0

如果能够预测到美国会更改战略变成保护贸易的话，加拿大与其坚持自由贸易，选择保护贸易也能够获得更多的利益。如果美国更改成为保护贸易时，加拿大继续维持自由贸易的话，此时加拿大所获利益是0，然而若是加拿大也更改成为保护贸易的话，所获利益则会变成2。

	加拿大			
		自由贸易	保护贸易	
美国	保护贸易	5,	⓪	2, ②

　　结果就是：两个国家从自由贸易转换至保护贸易时都有各自变更的理由。因此，自由贸易无法维持下去。因此我们就能明白：如果从纳什均衡的状态更换到其他的政策的话，对于本国来讲，利益不但不会增加，反而还会下降。

参考教材

　　《国际经济学入门》前半部分第10章"战略性贸易理论政府间的交涉"，华东师范大学出版社

　　《克鲁格曼国际经济学　理论与政策（第10版）上：贸易篇》第12章"围绕贸易政策的争论"，丸善出版

第11章
贸易、海外直接投资和企业的非同质性

/目的/

当地进行生产的海外直接投资，常会和贸易联系在一起被大家所讨论。在本章，我们主要针对这两者间的关系来进行简单的学习。

世界上存在着各种类型的企业，既有完全不进行对外贸易活动，只在本国内发展的企业，也有实行对外贸易，并在国外开设子公司，积极发展海外事业的跨国企业。那么为什么会出现这样进行着完全不同活动的企业呢？

我们在第9章所学的新贸易理论是在传统的贸易论上，引入规模经济这一概念而形成的一个具有突破性意义的全新理论。从中我们学到了：当我们想要消费更多种类的商品时，如果能够让规模经济正常实行，那么我们就能够从中享受到贸易的优惠。

但是，随着研究的深入，我们发现这个新贸易理论并不完全。因为当我们去用企业的数据去分析时，我们会发现存在着一些新贸易理论无法解释的问题。因为在现实生活中，由于企业不同，所进行的经济活动也是不尽相同的。

实际上，新贸易理论认为，无论是何种企业，都有同样的性质（同质）。但是事实却并非如此。即便是相同产业内的企业，由于各个企业本身的不同，其中的差异也是非常大的。引入这种企业间的差异（非同质性）的概念，再去讨论贸易或者海外直接投资这些经济活动，就是本章的目的。

比如说，生产率和企业活动之间存在着什么样的关系呢？如果一家企业准备开展海外业务的话，随着业务的开展，不仅需要庞大的费用去进行支持，必须还要使之产生利润。只有这样，才能够开展海外直接投资。所以，只有高生产率的企业才具备这样的能力。而另一方面，生产率较低的企业就只能在国内市场开展经济活动。

除此以外，在开发海外市场的规模和出口商品时，所需的费用又是怎样的呢？有的企业会选择不特意在海外开设子公司，转而在国内进行生产，之后将生产的产品出口海外。如果选择了这种方式，又会产生什么样的影响呢？

截至上一章，我们一直是围绕着"自由贸易好，还是保护贸易好"的这种体制或者围绕着应该出口什么样的商品，进行何种贸易模式相关的内容展开讨论。不同于此前，本章则是把讨论的焦点转到了和海外相关的经济活动应该采取哪一种形式这一问题上来。从原来的在国家的框架之下讨论贸易活动，转到了在企业的框架之下考察贸易活动。这是近几年传统国际贸易理论的一个特征。

例题 1

我们来考虑一下是选择实行**海外直接投资**（FDI），在当地进行生产呢，还是选择在国内生产，而后出口至国外呢？我们假定：① 海外子公司活动所花费的固定费用大于出口所需的固定费用；② 海外子公司进行销售所得的利润比出口所得利润大。

下图画出了关于市场规模和利润之间关系的图像。横轴表示市场规模，离原点距离越远，表示市场规模越大。同理，纵轴表示利润，离原点距离越远，表示利润越大。

描述市场规模和利润的关系时，是将海外直接投资和出口的情况分开以后画出的。首先，表示海外直接投资的利润线的斜率，比出口所得的利润线的斜率更陡。这反映了由海外子公司销售所得的利润大

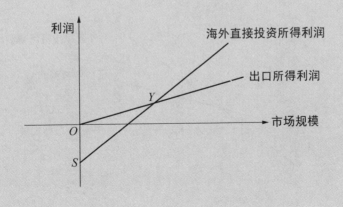

于出口所得的利润。其次，当当地的市场规模成为0（＝不进行销售活动）时，海外直接投资所得的利润会成为负值。这反映了实行海外投资会比进行出口产生更多的固定费用。

问题1 假设外国的劳动者的工资变高。此时，以下说法中最为正确的是哪个？

① 表示海外直接投资所得的利润线的斜率会变得平缓。

② 表示海外直接投资所得的利润线的斜率会变得陡峭。

③ 表示出口所得的利润线的斜率会变得平缓。

④ 表示出口所得的利润线的斜率会变得陡峭。

⑤ 以上均不正确。

问题2 假设在外国进行投资，外国的劳动者的工资变高。此时，以下说法中最为正确的是哪个？

① 如果市场规模小于OC的话，比起海外直接投资，通过出口所得到的利润更高。

② 如果市场规模小于OD的话，比起海外直接投资，通过出口所得到的利润更高。

③ 如果市场规模小于OE的话，比起海外直接投资，通过出口所得到的利润更低。

④ 如果市场规模小于OF的话，比起海外直接投资，通过出口所得到的利润更低。

⑤ 以上均不正确。

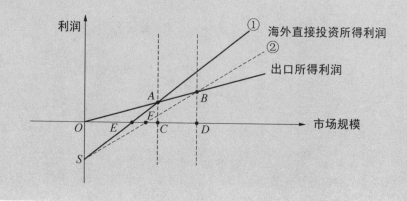

问题3 假设在外国进行投资，外国劳动者的工资变高。此时，以下说法中最正确的是哪个？

① 如果市场规模小于OF的话，就不能进行海外直接投资。

② 如果市场规模小于OE的话，就能够进行海外直接投资。

③ 如果市场规模大于OD的话，就不能进行海外直接投资。

④ 如果市场规模在OE到OF之间的话，就能够进行海外直接投资。

⑤ 以上均不正确。

问题4 当进行出口的本国的劳动者的工资变高时，以下说法中最正确的是哪个？

① 表示海外直接投资所得利润线的斜率会变平缓。

② 表示海外直接投资所得利润线的斜率会变陡峭。

③ 表示出口所得利润线的斜率会变平缓。

④ 表示出口所得利润线的斜率会变陡峭。

⑤ 以上均不正确。

问题5 当进行出口的本国的劳动者的工资变高时，以下说法中正确的是哪个？

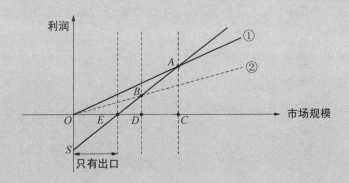

① 如果市场规模小于OC的话，比起海外直接投资，通过出口所得的利润会更高。

② 如果市场规模小于OD的话，比起海外直接投资，通过出口所得的利润会更高。

③ 如果市场规模小于OE的话，比起海外直接投资，通过出口所得的

利润会更低。

④ 如果市场规模介于 OE 和 OD 之间的话，比起海外直接投资，通过出口所得的利润会更低。

⑤ 以上均不正确。

问题6 当进行出口的本国内的劳动者的工资变高时，以下说法中正确的是哪个？

① 如果市场规模小于 OE 的话，不能进行海外直接投资。

② 如果市场规模大于 OC 的话，不能进行海外直接投资。

③ 如果市场规模大于 OD 的话，不能进行海外直接投资。

④ 如果市场规模介于 OD 和 OC 之间的话，不能进行海外直接投资。

⑤ 以上均不正确。

【解析1】

问题1　正确答案①

　　本书中所说的海外直接投资是指：通过外国工厂生产，对外国企业进行收购，如何开展海外事业。更加确切地说，为了达到此目的所进行的投资，被称为对外直接投资。【例题1】变成了以进入市场（＝在当地的市场上销售货物）为目的而进行的和海外直接投资相关的练习题。

　　如果外国的成本增加的话，即便是在同等的市场规模内，通过海外直接投资所得的利润也会下降，因此表示此时的海外直接投资所得利润线的斜率会变得平缓。下图中直线①到直线②表示了这一变化过程。

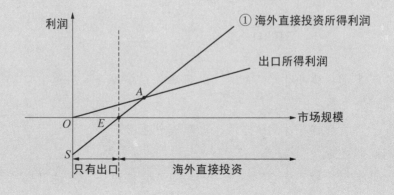

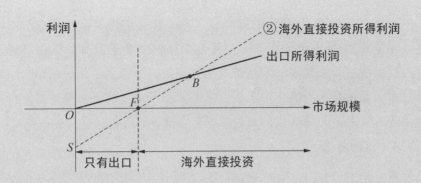

问题2 正确答案②

根据图像我们可知：表示海外直接投资的利润线和表示出口的利润线在最开始时相交于点A，也就是说当市场规模小于OC时，相较于海外直接投资，通过出口所得的利润会更高。相反，当市场规模大于OC时，相较于出口，通过海外直接投资所得的利润会变高。

当外国的工资成本上升后，表示海外直接投资的利润线和表示出口的利润线相交于点B，也就是说如果市场规模小于OD时，比起海外直接投资，通过出口所得的利润会更高。相反，如果市场规模比OD大的话，进行海外直接投资比出口能够获得更高的利润。

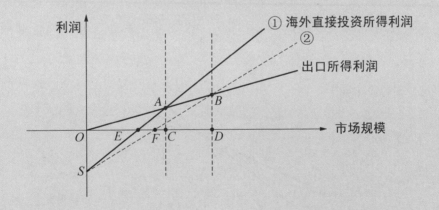

解析问题2和问题3所用图像

问题3 正确答案①

若是在开始时市场规模小于OE的话，就不能进行海外直接投资。因为海外直接投资所花费的固定费用如果越多，市场就无法变大。

另外，随着外国的工资成本的上升，若是市场规模小于OF的话，也是不能进行海外直接投资的。因为在这种情况下，海外直接投资所需的固定费用如果越多，市场就越无法变大。如图所示，线段OF比OE长。由于在外国生产的费用上涨，若是市场不变大的话，海外直接投资所获得的利润就无法增长，因此海外直接投资的门槛也会相应地变高。

问题4　正确答案③

随着国内劳动者的工资上升，表示出口利润的直线的斜率会变得平缓。即使在相同的市场规模下通过出口所得到的利润也会下降，图中由直线①到直线②的变化表示了这一过程。

问题5　正确答案②

表示海外直接投资的利润线和表示出口的利润线开始时相交于点A。也就是说当市场规模小于OC的时候，实行出口比海外直接投资获得的利润更高。相反，当市场规模大于OC的时候，进行海外直接投资比出口获得的利润更高。

随着本国内的工资上升，表示海外直接投资的利润线和出口的利润线相交于点B。也就是说，当市场规模小于OD的时候，与进行海外直接投资相比，进行出口将会获得更高的利润。相反，如果市场规模大于OD的时候，比起出口，通过海外直接投资获得的利润更高。

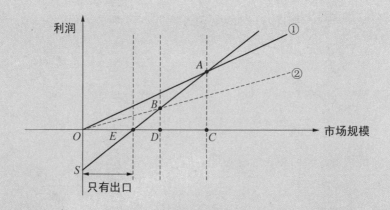

解析问题4、问题5和问题6所用的图像

问题6 正确答案①

当市场规模小于OE的时候，不能进行海外直接投资。因为如果用于海外直接投资的固定费用越多，其市场就难以扩大。因为进行海外直接投资会获得利润，当市场规模大于OE的时候，同时进行出口，那么就有可能去实现海外直接投资。另外，本国工资的变化只影响出口的利润，并未直接影响海外直接投资。

例题 2

请试着考虑一下：生产率不同的企业，是该选择出口，还是该选择海外直接投资？基于生产率的不同，我们把企业简单分为三类。即只供给国内市场的企业、出口国外的企业和在海外进行直接投资的企业。和【例题1】一样，我们假设用于海外直接投资的固定费用比出口所需的固定费用要高。另外我们还假设出口时有许多可变费用，但是在进行海外直接投资时不需要花费这些费用。

下图表示了企业的生产率和利润之间的关系。和【例题1】不同，因为我们考虑3种不同生产率的企业，所以会有3条利润线。这些利润线分别表示通过国内销售所得的利润、通过出口所得的利润以及通过海外直接投资所得的利润。

每条利润线与纵轴的交点距离原点的长度表示了各自所需的固定费用。比如说，由于海外直接投资所需的固定费用比较高，线段Os则最长。同理，表示出口所需的固定费用的线段是Ox，表示国内销售所需的固定费用的是线段Od。因为国内销售所需的固定费用是最低的，所以线段OD的长度是最短的。

另外，表示海外直接投资的利润线的斜率比表示出口的利润线的斜率要陡峭。这是因为海外直接投资没有可变费用，平均每一单位能获得更高的利润。

关于出口和海外直接投资的选项，以下叙述中最正确的是哪个？
① 生产率低于点D的企业，会进入国内市场。

②生产率介于点D和点X之间的企业，会实行出口。

③生产率低于点S的企业，不会进行海外直接投资。

④生产率介于点D和点X之间的企业，会选择出口和海外直接投资。

⑤以上均不正确。

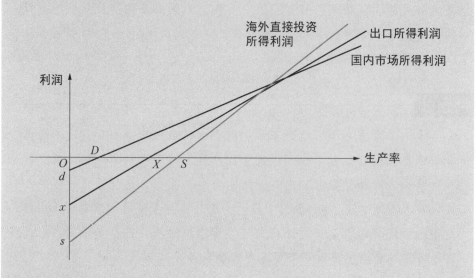

【解析2】

正确答案③

下图被划分成了4个部分：

1. 生产率低于点D的企业，因为其利润是负数，因此无法进入国内市场。或者是退出国内市场，也无法进行出口和海外直接投资。

2. 生产率高于点D的企业，能够供给国内市场。

3. 生产率高于点X的企业，能够出口至海外市场。

4. 生产率高于点S的企业，能够进行海外直接投资。

比如说生产率介于点D和点X之间的企业，虽然能够在国内进行销售，但不会选择出口。即便是进行了出口，所获得的利润也是负数。也不能进行海外直接投资。

另外，生产率介于点X和点S之间的企业，虽然能够进行国内销售和出口，但是无法进行海外直接投资。即便是选择了海外直接投资，利润也是负数。同样地，它也不会进行海外直接投资。

　　在这道题中，根据生产率的不同将企业分类是解题的步骤。一般情况下，在教材中会写成企业的质量不同。对此，我们通过在【例题1】和在第9章所学的模型中，提前设定了一个前提，即：企业的质量是相同的。可是在【例题2】中则演变回了更加现实的问题模型。在第9章所学的模型的基础之上延展出的【例题2】的这一问题模型，被称作赫尔普曼-梅里兹-耶普尔模型。

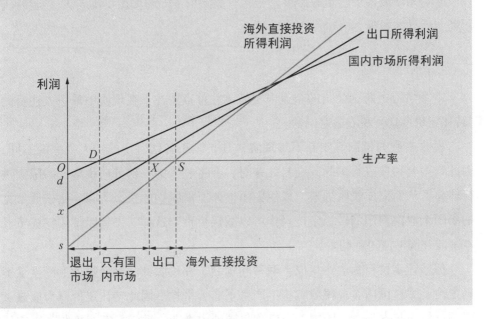

参考教材

　　《国际经济学入门》前半部分第11章"企业的异质性"，华东师范大学出版社

　　《克鲁格曼国际经济学　理论与政策（第10版）上：贸易篇》第8章"全球经济中的公司：出口决定、外包与跨国公司"，九善出版

第12章
跨国公司内部贸易与国际税收战
A GUIDE TO INTERNATIONAL ECONOMICS

/目的/

探明为什么各个国家对跨国公司的双重课税（即增加税收收入），会阻碍国际商业活动的原理。

本章学习了跨国公司的企业内贸易，并重点关注了在现实中最引人注目的"转让定价"这一税收逃避问题。

税收逃避的机制其实并不难理解，其来源于各国制定的法人税率的不同。因此跨国公司在进行国际间交易往来时，会将收入的一部分向税率低的国家进行转移，从而完成税收逃避，来使集团整体所需缴纳的税金下降。比如最常见的集团企业内使用的转让定价操作可以减轻税负。这样一来集团整体完成了成本削减并能够使得利润增加。

但转让定价行为会产生以下两种问题：①在税收部门确保收入上产生了不确定性；②在国内企业税收负担上产生了非公平性。因此转让定价行为应该被限制。作为基本理念，跨国公司应该也同国内企业一致，靠市场机制来决定价格（此时的价格又称企业间独立价格）。这样的话对任何消费者来说市场价格是相对公平的。

只不过不同国家的税收部门对"合适的价格"也有着不同的认识。如果税收部门采用不同的企业间独立价格，跨国公司便会面临双重课税的风险。即在A国和B国都将对同一利润额进行重复课税。当发生双重课税时，跨国公司的利润就会减少，因此双重课税阻碍了国际商业活动的发展。

为了避免双重课税，各个国家之间的协作是不可或缺的。

例题 1

下述在企业内贸易的例子表示了通过转让定价而实现税收逃避的机制。

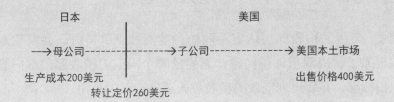

问题1　日本母公司生产中间商品并将其出口至美国子公司。中间商品成本为200美元，母公司卖给子公司中间商品的价格是260美元（转让定价）。子公司经过对中间商品的加工处理，产出最终商品并以400美元价格在美国市场进行销售。假设日本的法人税率为50%，美国的法人税率为40%，请问该跨国公司的集团税后总利润是多少美元呢？

① 76　　　　② 114　　　　③ 136　　　　④ 178　　　　⑤ 212

问题2　若该跨国公司向两国税收部门上报的转让价格并非260美元，而是220美元的话，那么法人税率相对较高的日本的税收收入会减少。不过该跨国公司的集团税后总利润会增加至118美元 [= (1-0.5) (220-200) + (1-0.4) (400-220)]。请问此时日本减少的税收收入是多少美元呢？

① 5　　　　② 10　　　　③ 15　　　　④ 20　　　　⑤ 30

问题3　假设美国与日本的税收部门认定相同的企业间独立价格（Arm's Length Price），该价格为220美元。那么该跨国公司的集团税前总利润为200美元（ =400-220+220-200=400-200）。该利润的组成是日本的税前利润的20美元（ =220-200）与美国税前利润的180美元的总和。

但是，若此时改变前提假设，比如日本税收部门突然更改所认定的转让定价，上升至260美元；但美国税收部门与该企业认定的仍旧为原来企业间独立价格的220美元。此时日本母公司的税前利润增加至60美元（＝260-200），并且日本的税收也增加至30美元。不过最终结果上该跨国公司的集团税后总利润减少至98美元。请问其中有多少美元的收入发生了双重课税呢？

① 10 　　　② 20 　　　③ 30 　　　④ 40 　　　⑤ 50

问题4 各国的税收部门认定不同的企业间独立价格时，会发生双重课税。为了解决双重课税问题，无论是哪个国家的税收部门都应当降低课税标准，并将过剩征收的税收收入返还给跨国公司。

如果两个国家的税收部门与跨国公司均同意认定220美元为企业间独立价格的话，请问日本的税收部门对该企业需要返还的税金是多少呢？

① 5 　　　② 20 　　　③ 35 　　　④ 50 　　　⑤ 70

【解析1】

问题1　正确答案②

　　在日本的利润为260-200=60美元。因为日本税率为50%，所以日本税后利润为60-60×0.5=30美元。在美国的利润为400-260=140美元。因为美国税率为40%，美国税后利润为140×（1-0.4）=84美元。所以集团整体税后总利润应为30+84=114美元。

问题2　正确答案④

　　之前的日本的税收是0.5×（260-200）=30美元。但是之后的税收变为0.5×（220-200）=10美元，二者的差额30-10=20美元即为日本减少的税收收入。

问题3　正确答案④

　　税前总利润为200美元。但由于日本的利润变成了60美元，所以如下图所示，发生了60-20=40美元部门的双重课税问题（在美国和日本都会被征收这部分收入的税金）。

　　关于企业间独立价格的认定与调整，存在两国事先确认制度（BAPA）。

双重课税

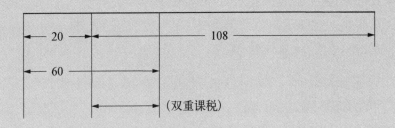

（双重课税）

问题4　正确答案②

　　因为被双重课税的利润的部分是60-20=40美元，计算其与日本税率的乘积即日本所需返还的税金0.5×40=20美元。另一种解答方法可以通过计算0.5×60=30（只有日本认定260美元为企业间独立价格的情形）与0.5×20=10（后续改变企业间独立价格为220美元的情形）的差额来得到，即30-10=20美元。

　　为了解决双重课税问题，两国的税收部门必须要对转让定价的认定进行协调工作。但根据对转让定价认定的不同，我们已经知道其中会出现一方税收增收而对应另一方税收收入下降的结果，故这样的协调交涉行为需消耗大量的时间与行政费用。偶尔也会被看作是与国家外交相关的政治事件。

　　因此，如果采用BAPA作为政策指导方针，不仅是给跨国公司，也会给税收部门带来相应的好处。对跨国公司来说，可以事前就规避双重课税问题，减少不必要的成本损失；而对税收部门来说，可以减少国家之间围绕双重课税问题时所消耗的大量时间和费用，并且降低关于税收收入不确定性的风险。

用 词 解 说

B **保护贸易**

指的是由于存在和外国产业的竞争，为了保护并育成国内产业的贸易政策。如果保护国内产业的话，国内的雇佣就能够得以维持。

比较优势

表示在生产相同产品时，与其他国家相比，某一国家相对而言比较擅长因而具有优势。当两个国家生产2种产品时，比较优势能够显示出哪个国家更适合生产哪种产品。

边际生产力

其他生产要素投入量保持不变，某一生产要素投入量增加一单位时，生产量增量的度量。

博弈论

在考虑博弈对手的战略之后，采取对自己产生最优结果的战略（的理论）。

C **产业间贸易**

指的是像墨西哥产的衣服和美国产的电脑那样，不同产业间的商品进行贸易买卖。

产业内贸易

指的是像丰田本田和大众宝马这种汽车企业之间进行的相同产业间的商品贸易活动。

超额供给

市场上卖家比卖家多的情形。

超额需求

市场上买家比卖家多的情形。

D 大国

表示当这个国家调整贸易量的时候，会影响国际市场上的相关价格决定。

等价值线

表示商品的组合中，具有相同价值的生产组合的直线。

F 反应曲线（Reaction Curve）

给定对方国家的战略集合时，表达自己国家最优战略的曲线。

非熟练劳动力

不熟练生产技术的劳动者。

封闭经济

不发生国际贸易，国内的消费量等于生产量。

G 工资

表示劳动者通过劳动所获取的报酬。

关税

指的是进口商品所缴纳的税金。征收关税的话，进口商品的价格会变高，因此国内产的商品就更加易于销售。因此收取关税是实行保护贸易政策的代表案例。

关税同盟（Customs Union）

同盟内全部加盟国家对同一种商品施加相同关税税率。

关税升级（Tariff Escalation）

生产物加工程度越高，被施加的关税税率也就越高的情形。

规模报酬不变

指的是当资本和劳动的投入量等生产要素同时增加2倍时，其生产量也会增加至2倍所达到的状态。

规模报酬递增

当资本和劳动的投入量等生产要素同时增加2倍时，其生产量会增加至2倍以上所达到的状态。

国际资本移动

跨国境的国家间资本（金钱）移动。

H ### 海外直接投资（FDI）

指的是在外国开设工厂，收购外国企业等进行一系列的事业展开。更加准确地讲，带有此种目的的投资，也被称为对外直接投资。

赫克歇尔-俄林定理

此定理认为在基于两国间相对资源量的贸易模式的前提下，劳动相对丰富的国家，由于在生产劳动密集型产品上面具有比较优势，因此要出口劳动密集型产品。同理，如果某一国家资本相对而言更为丰富的话，那么就应该出口资本密集型产品。

赫克歇尔-俄林模型

此模型认为由于国家间资源量存在差异，因此需要用贸易来进行说明。

J ### 机会成本

人生是不断选择的过程，选择了1个但却不得不放弃（=牺牲）另外一个。在经济学中，为了得到某种东西而必须要放弃的另一种东西时的成本，被称为机会成本。

绝对优势

表示在生产相同产品时，与其他国家相比，某一国家所耗费的劳动成本绝对最低的状态。

价格调节机制

根据价格的调整，决定商品的交易量。

进口替代政策

依赖外国进口的本国某一产业开始加大其国内产业发展的政策。

K 开放经济

存在国际贸易，国内的消费量不等于生产量。

L 李嘉图模型

此模型认为由于国家间技术能力的不同，因此需要用贸易来说明。

里昂惕夫反论

基于赫克歇尔—俄林模型，资本相对更多的美国应当只出口资本集约型商品。但基于数据调查，我们可知美国同样出口劳动集约型商品。因此该反论指出了赫克歇尔—俄林模型的不足之处。

劳动集约型商品

例如衣服的生产，同时需要劳动者与工厂设备，但在其劳动者（劳动）的重要程度相较工厂设备更高，衣服即被称作劳动集约型商品。

罗伯津斯基定理

表示随着资源量的变化，生产如何变化的定理。当劳动力增加时，劳动密集型产品的生产就会增加，资本密集型产品的生产就会减少。同理，当资本增加时，劳动密集型产品的生产会减少，资本密集型产品的生产会增加。

临近·集中权衡

围绕着企业是选择出口（集中：本国集中生产）还是FDI（临近：靠近目标市场）究竟哪一方更好的议论。但不论选哪一个，都会必然牺牲另外一个（权衡）。

劳动生产率

（本书的例子为）1名劳动者的生产量。

M 贸易条件

指的是某个国家每出口一单位商品可以交换多少单位外国进口商品的比值。

N 纳什均衡

表示先假设对方的战略，然后再决定自己的战略。此时在该策略组合上，任何参与人单独改变策略都不会得到好处的状态。

P **贫困化增长**

出口产业过度成长使交易条件大幅度恶化，导致最终该国福利下降。

S **生产可能性曲线**

用来表示经济社会在既定资源和技术条件下所能生产的各种商品最大数量的组合。生产可能性曲线上的所有生产组合，都达到了资源的有效分配状态。

斯托尔帕-萨缪尔森定理

劳动集约型商品的价格相对上涨会使工资（劳动报酬）上涨，资本租金降低；反之资本集约型商品价格相对上涨会使资本租金上涨，工资降低。

收益

指的是资本家通过资本获得的收益。

商品市场

被生产出的商品的交易场所。或消费对象的交易场所。

熟练劳动力

熟练掌握生产技术的劳动者。

W **无差异曲线**

表示在许多的消费量的组合之中，将满足度相同的组合连接起来的曲线。

完全特化

一国只生产一种商品的状态。

X **小国**

表示当这个国家调整贸易量的时候，不会影响国际市场上相关的价格决定。

新贸易理论

基于规模经济思想对贸易进行说明的诸理论。

需求曲线
表达消费者对想购买商品的购买欲望的高低。

Y **预算约束线**
表示消费者的全部收入所能购买到的两种商品的各种组合所连成的直线。

幼稚产业保护理论（Infant Industry Protection）

赞成贸易保护的一种观点。该理论指出如果保护现阶段发展困难但有潜力的产业，经过长时间后该产业将收获巨大成长。

要素市场
与劳动市场类似的概念，生产商品必需的要素（生产要素）的交易场所。

要素禀赋
是指一国内各种生产要素的数量。

Z **资本集约型商品**
例如电脑的生产，同时需要劳动者与工厂设备，但在其中工厂设备（资本）的重要程度相较劳动者更高，电脑即被称作资本集约型商品。

自由贸易协定
缔结自由贸易协定的国家间贸易不需要支付关税。并且这些国家对来自未参与协定国家的进口商品可以设定任意关税税率。

最优关税理论
指的是某一大国，如果采取适合的关税税率，此时的贸易保护会带来社会总体福利的改善。

战略性贸易理论
事前想定对方国家的贸易政策，并在此基础上制定本国的贸易政策。由于引入了对方国家的战略，故根据对方国家选择的战略不同，本国的最优行动也会发生变化。

索 引
INDEX

（按照英文字母顺序排列）